高校图书馆服务与管理创新发展研究

叶小红　著

湘潭大学出版社
XIANGTAN UNIVERSITY PRESS

前言

图书馆是文献资源信息的保存库，其在人类历史的长河中将社会、文明的记忆以文字、图片、数字或其他形式保留并传承下来。经过历朝历代的发展，图书馆馆藏体量庞大，知识和信息资源储备极其丰富，图书馆被称作“没有围墙的大学”是毋庸置疑的。图书馆在保存人类文化遗产、开发信息资源及开展社会教育中具有极其重要的作用和意义。

高校图书馆具有图书馆的普通职能，同时又具有其特殊性，高校图书馆是高等学校文献信息资源的中心，是为高等学校读者在教、学、研等方面服务的机构。高校图书馆作为大学办学的二大支柱之一，由于其自身的性质、特点和功能，肩负着为教、学、研服务的重大任务。归根结底，高校图书馆存在的意义和根本作用就是为读者服务。随着科学技术的进步和网络的不断发展，读者对文献信息资源的需求发生极大的改变，高校图书馆的服务与管理职能也要相应改变以适应并满足读者的需求。

随着信息化、网络化的快速发展，读者对图书馆的文献信息资源服务需求也发生了变化。高校图书馆也开始摒弃以往单一的传统服务模式，服务模式日益网络化、高效化、集成化、现代化。

本书致力于从图书馆的一般基础理论出发，分析了高校图书馆管理的内涵、特点以及管理范畴和职能，分析了高校图书馆服务评价的相关要素，着重对我国高校图书馆服务与管理模式创新进行了深入浅出的探讨，并有针对性地论述了两种管理创新实践模式：一是以人为本的高校图书馆服务与管理创新模式；二是信息化背景下的高校图书馆服务与管理创新模式。最后对未来高校图书馆的发展前景进行了分析与展望。

本书结构清晰，理论研究科学严谨，充分体现出了专业性、系统性、实用性等特点，是一本关于高校图书馆服务与管理创新研究的专业性较强的学术著作，对图书馆工作人员全面系统地学习和掌握图书馆管理的基本理论与实践有重要意义。

在编写本书时，本人参考了相关领域专家学者的研究成果，发自内心地表示感谢。由于精力和能力有限，本书内容难免有疏漏、不足之处，敬请专家、同行和读者批评与指正。

作者

2021 年 11 月

目 录

第一章

高校图书馆管理概述

图书馆是一种社会现象，是随着文献的出现和社会文化教育的发展而出现的，它是人类社会和文明发展的产物，它随着科学技术、人类文明的发展而变化。随着图书馆的出现和发展，图书馆的服务管理也经历了一个从简单到复杂、从传统单一到现代多元的过程。随着社会经济文化的发展和科学技术的进步，图书馆的馆舍规模、文献信息藏量、读者需求等都发生了巨大变化，图书馆管理方式逐步完善，管理水平不断提高。

第一节　高校图书馆管理的内涵与特点

一、高校图书馆管理的内涵

高校图书馆是高等学校文献信息情报中心，是收集、整理、收藏图书文献资源为学校教、科、研服务的教育和文化机构。人类在工作中创造了语言，语言可以吸收和交换信息。文本打破了语言在时间和空间上的限制，将语言传达到了遥远的时空，扩展了语言的交际能力。人们为了完整地表达他们的想法和感受并准确地记录事情创建了文档。"文件"是记录信息的有形载体，文件传播是最早的间接传播形式。就文献而言，存在组织、保存和使用文献方面的问题。当然，为了形成原始的学术图书馆，人们需要一个收集和管理文献的地方，这就是最初的图书馆形成的原因。

高校图书馆作为学校文化教育的传播工具，它是一种集储存和引导读者利用文献信息资源和文化教育于一身的工具。高校图书馆管理是对文献信息录入、存储、提取和使用的学术管理，其宗旨是实现高校图书馆的教育职能，向读者传播文化信息，实现思想、知识和信息的交流，提高读者的文化教育水平和科技技能，推动学校教育、科研的发展，进而推动人类文明和社会发展。

作为一种社会实践，高校图书馆管理与高校图书馆同时产生和发展，与高校图书馆有着同样悠久的历史。

高校图书馆管理经历了传统经验管理和现代科学管理两个阶段。多年来传统经验管理一直是高校图书馆运营中流行的管理方式，在直觉和经验的基础上，采用了保守的管理理念、陈旧的管理方式和落后的管理方法，这种管理方式越来越不能令人满意。当今学术图书馆的发展对学术图书馆的管理提出了越来越高的客观要求。因此，从传统的经验管理向现代的科学管理转变是十分必要的。现代科学管理将高校图书馆的管理描述为基于现代科学原理、理论和方法的系统，这种管理方式充分吸收了管理学、心理学、统计学、教育学、经济学和社会学等诸多领域的成果，并从中汲取了理论知识和方法指导，从而实现高校图书馆管理的最佳效果。

具体而言，高校图书馆管理就是运用现代科学理论和方法，根据高校图书馆运行的客观规律，进行科学决策、规划、组织和管理，使整个图书馆的人力、财力、物力等各种资源得到合理的配置和使用，从而服务学校和科研活动的全过程。运用现代科学理论和方法，不仅是现代图书馆管理的重要标志，也是现代高校图书馆管理的开创性特征和科学管理的基本要求。遵循高校图书馆经营的客观规律，这是由高校图书馆管理的特点决定的。与其他类型的图书馆不同，高校图书馆有自己的运行规律，高校图书馆必须遵循这些规律以加强对高校图书馆的学术控制，决策、计划、组织和管理是图书馆管理的基本方法，所有的管理活动都与这些基本方法密切相关。管理的直接目标是组织和最大限度地发挥图书馆各种资源的作用，如人力、财力和物力等资源。管理的最终目的是有效地为学校教学科研服务。

高校图书馆是学校文献情报中心，在大学教育和科学研究中起着极其重要的辅助作用。高校图书馆的建设和规模也影响着大学的社会地位。因此，许多国家都非常重视高校图书馆，将之称为“皇冠上的宝石”“大学的心脏”以及“太上研究院”等，高校图书馆、教师队伍和实验室建设被称为大学建设的三大支柱，可见其地位之重。虽然人力、财力和物力等诸多因素限制了高校图书馆发挥应有作用的能力，但最重要的因素仍然是管理，管理水平直接影响图书馆的作用。可以说是什么样的管理决定了什么样的图书馆。良好的管理将图书馆的基本要素有机地组织成具有相同目标的单元，不仅能高质量、高效率地实现既定的目标，而且在不增加投资、人力和物力的情况下也可以完全发挥图书馆各种资源的潜力，并最大限度地发挥它们的作用，以实现相同或更好的管理效益，达到与增加投资、增加人力和物力资源相同的效果。因此，加强图书馆管理是图书馆发展的客观要求和紧迫任务。

二、高校图书馆管理的特点

图书馆管理是图书馆学的一个分支，也是一种特殊的社会实践组织，表现出一般社会实践所共有的客观性、主动性和社会历史特征，但这些特征在图书馆管理中又具有自身的特点。现代高校图书馆管理除具有以往传统图书馆的相关特点外，还具有以下本质特征：

（一）综合性

高校图书馆管理的综合性表现在人力资源、文献信息资源、财力资源、物力资源等方面，并随着这些资源的变化而变化。人力资源包括人才引进规划、培训教育、绩效考评等管理环节。文献信息资源的选择、引进必须根据学校教学科研的需要和读者的阅读需求，并结合图书馆的主题和文献信息资源的公开情况做出决定。财力资源包括经费来源、经费数量、经费安排等，它是图书馆工作正常运转和提高工作效率的前提和保障。实物资源包括图书馆建筑和设备等，是图书馆建设和技术环境的基础要素。传统的图书馆管理不关心管理的全面性，只关心业务活动，忽视财力和科研人员的获取。图书馆要达到用户满意、管理者满意和馆员满意是非常困难的，这也是图书馆的社会声望远低于其社会影响力的原因之一。

从空间上看，图书馆管理的综合性贯穿于图书馆的所有活动，包括图书馆运作的各个方面和领域。从时间顺序来看，它伴随着图书馆发展而发展。中国的商朝有一套图书管理体系，包括藏书的空间、管理书的人以及管理书籍的方法。商代由史学家负责藏书，当时的书籍还没有分类编目，但有专门的藏书管理方式。商代史学家将甲骨联编成一册后，标签的形式标记，方便查找。它是中国最早的图书藏书管理，代表了图书馆管理中最原始的理念。

信息科技和互联网的快速发展改变了图书馆的服务管理模式。信息资源数字化、资源使用网络化催生了数字图书馆这个新型虚拟图书馆，并且其发展势头迅猛。传统纸质资源的利用率大幅下降，高校图书馆服务与管理面临新的挑战。高校图书馆要改变管理理念和管理模式以适应新形势、新变化，综合传统图书馆和数字图书馆的优势，共同推进高校图书馆管理的科学化。

（二）理论性

任何一门管理学科都不可能脱离理论的支持而获得发展，高校图书馆管理亦不例外。图书馆管理不仅从图书馆学的研究发展中汲取营养，更多的是作为一级组织结构从企业管理、公共管理等领域获得新的理论支持。理论性是图书馆管理的一个重要特征。在传统图书馆管理的实践中，图书馆界存在着不顾理论的普遍问题。忽视理论和研究的直接后果是思想狭隘，观念不先进，综合治理水平低。没有先进的理论，任何实践结果都是盲目的。

因此，图书馆管理作为一门科学，就必须有针对性地研究管理学的最新成果，吸收实践中获得的管理方法，融合成为图书馆管理学独特的理论体系。

（三）实践性

管理理论和思想本身起源于长期的实践活动，从泰勒的科学管理、法约尔的一般行政管理到现当代的其他管理理论无不都是生产实践的结果，可以说实践性既是验证理论正确性的方法，也是产生管理学思想的需要。图书馆管理是图书馆事业发展进程中产生的事物。中国图书馆事业经历了从无到有，从小到大的发展历程，不同时期的图书馆事业有着鲜明的时代特征。古代时期，图书馆（或藏书阁）的工作主要是书籍文献的收藏、整理和加工，比如汉成帝时刘向、刘歆父子的校书活动，最终生成了中国历史上第一部综合性的群书目录——《别录》和第一部综合性的群书分类目录——《七略》，这种单一的工作也就不可能出现图书馆综合管理的问题。随着图书馆出现、壮大，发展到今天，动辄上百员工，过千万元经费的图书馆比比皆是。高校图书馆管理也在管理活动不断发展的过程中形成了自己的学科体系，并进一步指导图书馆管理实践。

（四）科学性

图书馆管理的科学性首先表现在它极大地推动和促进了图书馆工作的开展和管理实践的发展。从图书馆的发展历程和当代图书馆的工作实践可以看出，图书馆工作是有规律的。图书馆工作的内在需求需要管理的发展，管理的发展也促进了图书馆工作的进步，这说明管理具有科学性。其次，图书馆管理是能够应用科学知识的领域。比如读者行为、员工绩效研究涉及心理学知识；图书馆自动化系统管理是建立在计算机科学基础上的。最后，图书馆管理内容可成为新的科学知识体系。

图书馆管理学的出现，展示了其作为图书馆学学科的学术性和科学性。高校图书馆管理可以分为两类：一方面是程序性活动，另一方面是非程序性活动。程序性活动是具有规则的管理活动，需要按照规则进行。非程序性活动是在操作过程中需要探讨的管理活动。两种类型的活动可以转换，程序活动是从先前的非程序活动转换而来的，转换过程是对此类活动和管理对象的规律性的科学总结，这反映了图书馆管理的学术性质。

（五）前沿性

随着现代图书馆管理的演化进步，高校图书馆必须密切关注现代管理理论的发展，将新的、适应现代图书馆管理的理论引进来，有效提高高校图书馆管理水平。还应密切监测、跟踪和调查，如果这种关注仅限于名词，不仅无用，而且容易搞乱思维。只有切实地深入研究，弄清弄懂，才能科学引用。

（六）依附性

高校图书馆管理必须根据具体的业务工作而定，它的全部实际内容和具体形式都离不开各种业务工作。图书馆管理是图书馆服务系统各组成元素之间的活动过程，各个管理环节相互依存、相互联系、相互配合，缺一不可。图书馆管理的依赖性表现如下：图书馆管理目标需要依靠特定的业务活动来实现；图书馆管理的过程总是涉及其他业务活动的进展；图书馆管理的结果总是集成的，作为其他业务活动的结果。这意味着图书馆管理员必须对某些特定的或所有的业务活动负责。

（七）协调性

高校图书馆管理的协调性是指根据工作的需要，对管理系统中各要素之间的关系进行调节和转换，使它们相互适应，整体达到最佳功能状态。一般来说，图书馆各职能部门的业务工作都各不相同。例如，采编部负责纸质资源的采购和编目加工，流通部负责图书馆的借还书流程，技术资源部负责数字资源和数据库的运行和维护，等等，在服务读者时，它们各司其职，管理好各自部门就可以了。但是，读者对图书馆的服务需求往往不是这么泾渭分明的，服务活动往往牵涉到几个或多个部门，这时图书馆管理者要立足读者的需求，协调各部门业务工作之间的关系，整体组织、规划各管理要素，使它们为图书馆整体服务。

从根本上说，管理的本质就是协调。高校图书馆管理的协调性就是从图书馆工作全局出发，将图书馆的人、财、物等资源组织、规划、调动起来，使它们相互配合、相互协作，朝着令读者满意这个共同的目标努力，最终实现高效的图书馆管理这个目标。

（八）变革性

高校图书馆管理的本质是协调图书馆服务系统中的各要素，让其在服务过程中相互协作、良好运行，让图书馆管理系统在保持平稳发展的状态中达到预期目标。但是，图书馆管理系统各组成要素不是一成不变的，而是随着内部环境和外部环境的变化而变化的，也就是说管理的客体是不断变化的。比如随着教育、科技、文化的发展以及互联网的普及，读者的需求发生巨大的变化，要求图书馆的人、财、物等资源重新分配，以适应新形势，这时图书馆管理必须有所改变，这就是管理的变革性。当然，高校图书馆管理系统的整体趋势是稳定的，变革性只是随着环境的变化不断地调整管理客体，使它们协调运作，故变革性是相对的，但是是客观存在的，而且是长期的。管理的变革性是协调性存在的意义，不断的变革促进不断的协调，而且图书馆管理是主观和客观的活动过程，这些表明高校图书馆管理是一个长期稳定的、循环往复的动态过程。

（九）经济性

高校图书馆由于缺乏资源而面临经济问题。例如，社会应该对图书馆投资多少才能充分利用图书馆的各种社会功能？如何将图书馆的社会投资分配到不同类型的图书馆，合理分配图书馆资源，以节约社会投资，提高图书馆资源利用效率？如何购买和组织藏书以最大限度地发挥有限的图书采购资金的效力？有效解决上述问题，需要对人力、物力、财力以及图书馆信息等资源进行合理配置。由于管理的经济特征，因而资源配置成本高。图书馆管理的经济学最初体现在分配图书馆资源的机会成本上。管理员选择一种成本分摊方法来放弃另一种资源分配方法，这里有一个机会成本问题。另外，图书馆管理的经济学体现在选择管理方法的成本比较上，因为有助于资源配置的选择和方法很多，会产生机会成本。图书馆管理是一个有效整合资源的过程，因此选择不同的资源供应和比例存在成本问题，这是经济性的另一个表现。

（十）组织性

组织性是现代管理学中的一个特性，组织是指按一定程序和规则设置的有相应人员隶属关系的一种岗位结构，目的是为了实现预期的目标。高校图书馆管理的组织性有两方面内容：其一是由图书馆馆长负责管理整个馆的工作情况，业务馆长分管业务部门的工作，后勤馆长负责管理图书馆安保、卫生等工作，部室主任负责各自部门的职能工作，馆员负责执行具体的服务活动，馆长受学校领导、分管馆长受馆长领导、部室主任受分管馆长领导、馆员受部主任领导等，这种有权责隶属关系的多层次岗位结构构成了高校图书馆管理的组织性。这种组织性意味着图书馆管理活动始终是由特定组织进行、由执行管理活动的人组成的有序结构。同时，该特定管理组织又是受管理的。其二，管理组织的目的是为了达到既定目标，那么在管理过程中需要将人、财、物等资源整合起来，在组织的管理下充分利用，组合成一个既相互关联又相互制约的管理组织体系。高校图书馆通过这样的管理组织体系管理图书馆运行，并使图书馆系统朝着管理目标的方向发展。前者是指表现为有序组织形式的静态组织，后者是指表现为主动组织功能的动态组织。图书馆管理机构是图书馆管理最基本的特征，也是其他职能的内在基础和机制。

（十一）艺术性

由于高校图书馆管理对象位于不同的系统、不同的部门、不同的环节，具有不同的资源条件等，因此没有一个单一的、完整的、基于规则的模型来管理每个具体的管理对象，尤其对于新的非程序性管理对象。因此，具体图书馆管理活动的有效性与管理者对管理方法的掌握程度密切相关。一方面，基本管理技能的运用和实践体现了管理规划和运营管理活动的艺术；另一方面，在实现图书馆资源的高效配置和当前的问责目标的过程中，有很多管理方法和工具可供选择，那么如何从众多可供选择的管理方法中选择一种呢？这也是实际的图书馆管理中的一门艺术。

第二节 高校图书馆管理的范畴

范畴是反映事物的本质和普遍脉络的基本概念，是人类思维对客观事物普遍性的概括和反映。每门学科都需要有自己的特定范畴。

高校图书馆管理的范畴包括高校图书馆系统各组成要素之间的组织、运行和协调。简单地说，高校图书馆管理的范畴就是图书馆的人、财、物，通过对它们的管理，使它们和谐运行，达到使读者满意的目的。高校图书馆系统是一个不断变化的动态系统，所以高校图书馆系统各组成要素间的管理也要随之调整变化。随着外部环境、内部环境的变化，例如国家的政治、经济、文化的变化和学校教学改革、科研立项结构导向的变化等，读者对文献信息资源需求、利用的内容和方式方法也发生了改变，图书馆管理的范畴也要进行相应的变化。总之，这些范畴源自高校图书馆管理实践，它们随着高校图书馆管理实践的发展而发展，然后指导高校图书馆管理实践。

一、管理主体与客体

管理主体是具有特定领导能力、权力、责任并扮演实际领导角色的人，通常称为领导者。管理主体的特点是具有阶层性、部门性和主动性。

高校图书馆管理的主体通常由两部分组成：一是将目标任务划分为各种管理活动、业务工作、负责监督和实现既定目标的人员，通常是指图书馆的领导和办公室负责人；二是执行计划，组织、协调管理活动的人员，通常是指图书馆各部门的负责人；三是具体实施和操作各项管理活动的人员，通常是指图书馆馆员。

图书馆管理活动是一个多层次、综合性的活动，管理主体通常是许多人以特定方式组织起来的整体，这一承担管理职能的整体就是管理主体系统。就管理主体的各种职能而言，管理主体系统是一群具有不同职权和不同行政职能的人。一般来说，图书馆的主要管理由四个部分组成：制定与决策管理、组织管理、执行管理和监督管理。

管理客体是管理的客观对象系统，可以进入受管理活动领域并承担受管理协调和组织角色。这一规定概括地描述了管理对象的特征：客观性、可控性、广泛性。首先，广大图书馆馆员是执行管理的客体，他们遵守图书馆的规章制度、执行各项管理活动任务，同时他们也是管理的主体，他们管理图书馆服务过程所需的所有资源。其次，图书馆内的所有财力资源、物力资源及其他的相关资源都是管理客体，都被图书馆管理层和馆员管理。它们在管理主体的管理下通过组织协调或技术改造等手段变得合理运行，取得良好效果。此外，随着社会和学校的发展，图书馆服务范围越来越广，服务对象体量日益增大，服务内容更加丰富多样，这些因素使得图书馆管理客体的范围不断扩大、不稳定性更加增大。

管理主体和客体是构成高校图书馆管理系统结构的两个部分，它们之间的相互关系和相互作用构成了图书馆管理运行的基本保障。但是，这种主体与客体相辅相成的关系是以管理组织的形式存在的。管理组织是图书馆管理的真实体现。管理主体和客体不仅通过组织结构相互联系，而且通过组织结构相互转换，这种转换是指管理的主体和管理的客体根据管理活动的客观要求进行相互转换。图书馆系统中管理主体与管理客体之间的相互转换主要有两方面的表现：一方面是社会和学校的发展，对高校培养人才及科研水平提出了更高要求，促使高校图书馆权限级别发生变化，从而引起图书馆管理主体和客体的状态变化；另一方面是图书馆成员和读者角色的变化，引起他们自我意识的变化。正确认识这种转变，对于理解高校图书馆管理的辩证关系极其重要。

二、管理硬件与软件

高校图书馆管理活动由管理硬件和软件两部分组成。一是管理活动的物质载体，它具有稳定性和被动性的特点，即所谓的“硬件”，例如图书馆的基础设施和技术设备等。二是精神因素，它使物质载体以特定方式组合以产生真实的活动，它具有变化、创造性和主动性的特征，即所谓的“软件”，如图书馆人员组成和图书馆服务系统软件等。这里所指的硬件和软件一般是指与图书馆管理活动相关的人、事物、过程、方法、结果等，具有普遍意义。

图书馆管理硬件和软件的划分不是绝对的、不是精确的，而是模糊的，只有在图书馆管理实践中同时比较才能有比较明确的意义。当图书馆管理将馆舍、文献信息资源、技术设备和服务系统软件等视为硬件时，图书馆成员及读者的精神元素就是软件。在组织结构中，组成图书馆的个人是驱动他们行动的硬件，图书馆价值观、道德情操、理想信念就是软件。在管理模式中，图书馆管理可以看成一种科学，这种科学强调运用数学和逻辑方法，以及严格的规章制度和规范的原则进行管理，这是严格意义上的管理，它激发人的思想和情感，强调人的各种非理性因素，并使用不合逻辑和创造性的方式方法进行管理，即软管理。

在高校图书馆管理中，管理硬件和软件相辅相成、缺一不可，只有具备了硬件和软件，图书馆管理活动才能得以进行下去。一方面，管理硬件是软件的基础。所有管理都需要有正式的、相对稳定的组织架构，需要有明确的任务、权限和职责分工，并执行所有必须遵守的规章制度，组织的协调需要使用多种重要手段进行管理，协调人的活动。图书馆系统还需要有稳定的投入/产出比，即物质、能量、信息的输入，以及信息产品和服务的特定输出。这些看得见的具体事物，构成了图书馆管理存在和进行的重要基础，没有这些管理硬件，管理软件就失去了它所依赖的物理外壳，所有的方法、手段、指令、程序等都无法展示其功能，图书馆管理根本不可能存在。另一方面，管理软件是硬件的灵魂。世界上任何一种管理如果只有硬件而没有相应的软件，则硬件可能是“死的”，就像人只有躯壳没有灵魂一样，图书馆管理也是如此。如果一个图书馆管理系统的组织结构单一，只有一些严格的规章制度，组织成员间缺乏共同的任务目标、道德情操和工作所需的软件，这样的图书馆管理是无效管理。图书馆管理的本质是以人为本，其管理核心要素是人，人总是有自己的感情、意愿和需求，这些精神“软件”就像一个硬件库里的各种结构元素一样，是“硬件”的灵魂、配置格式，从而确定了硬件的发展方向。

在图书馆管理中，硬件和软件不仅相互依存，而且可以相互转换，这种转变包括与图书馆管理过程密切相关的硬件软化和软件硬化，它们与图书馆管理过程密切相关。

三、管理利益与责任

利益是一个范畴，它表明一个人的物质和精神需求能否得到满足以及在多大程度上得到满足。人有各种各样的需要，所以有各种各样的利益。人类的需求有不同的层次，利益也有根本性和非根本性的差异。

责任是人在社会活动中的一种职责和任务，是身处社会的个体成员必须遵守的规则，它带有强制性。一个人如果在本职工作或其他领域取得好成绩，人们通常赞美其具有责任心或责任感。反之，如果一个人在工作中敷衍塞责、达不到工作效果，就会受到人们的谴责，说其缺乏责任心或责任感。责任通常从两个方面决定一个人在适合自己的工作领域和适合自己的职务领域内的行为：即激励行为和控制行为。激励行为是鼓励责任，控制行为是对超越责任的限制。

图书馆管理中利益和责任是两个矛盾体。首先，两者在方向上是分开的，有时会相互排斥。利益从外部反映和汇聚，反映整个图书馆、图书馆不同部门、部门内不同群体或馆员的需求，责任要求整个图书馆、图书馆不同部门、图书馆内团体或图书馆馆员付出努力，是由内而外发散的效果。其次，利益和责任体现了两者的一致性。每一份利益都有责任的成分，不负责任的利益基本上是贪得无厌的。所有责任都包括利益，当某些利益不包括在责任中时，所谓的责任履行就没有动机或依据。图书馆是非营利组织，但或多或少具有特定的利益，因此，图书馆管理需要有条不紊、自成一体，而不是隐瞒责任利益问题，应让图书馆馆员都知道这一点，可以调动他们认真负责的工作热情。最后一点，利益和责任可以相互融合。图书馆馆员在履职尽责的过程中，利益必然会转化为责任。同时，在履行职责的过程中，责任不可避免地要转化为利益，即履行职责的回报。高校图书馆管理者在管理实践中必须完成两项基本任务，一是制定和完善一个使图书馆个人、团体、部门或整体履行责任的同时能受到利益的管理体制；二是把每项工作任务完成的效果同个人、团体、部门或整个图书馆的利益相关联起来的机制。

四、管理有序与无序

有序和无序是高校图书馆管理中的一对矛盾体。有序是指图书馆管理系统中的各个要素之间在相互联系、相互作用、相互运动中，有规律、有秩序的状态和趋势；无序是指图书馆管理中的各要素间不规则和无序的相互作用、相互联系和运动。有序与无序是相对的、是一种辩证关系，也可以说二者是图书馆管理系统的时空结构规律和有序程度的综合反映。

图书馆管理系统的有序与无序，是指管理部门的协调程度，是管理部门有意识、有目的活动的结果。图书馆系统的各个要素不能自然形成一个管理组织，要形成一个组织，就要有意识地组织活动，把各种不规则、混乱的因素结合起来，形成统一的目标、统一的行为准则、统一的结构，这种组合旨在将各种秩序要素与特定规则和规定结合起来。排序是图书馆系统的一个重要功能，图书馆旨在通过设定共同目标来协调多样化和混乱的目标，通过明确的责任、权利和服务规则，协调不同部门和图书馆馆员之间不确定的互动以及图书馆馆员的不规范行为，通过有效的管理，协调复杂多变的人际关系和各种心理情绪。这样，图书馆的不同部分就可以按照规范一致行动，按照共同目标一致行动，遵守规章制度，使整个图书馆具有秩序。图书馆通过有意识和主动的领导行为，将混乱元素的组织转化为有序的系统，从这个意义上说，图书馆管理就是通过协调实现有序的结构。

然而，无序总是存在于不同的组织结构中。所有图书馆都有或多或少违背协调的因素，从而使管理变得混乱无序。这种图书馆管理无序通常有两个表现：一是受控制因素的无序状态。在一个综合的图书馆管理系统中，图书馆成员和读者都有各自的兴趣、目标和爱好，同时图书馆各部门因职能不同而产生的矛盾以及外部环境的干扰，这些因素无法通过协调图书馆活动来完全消除。第二个是图书馆权力下放和结构软化、简化的必然趋势，也不可避免地增加了图书馆各部门和个人的自主性、独立性和竞争力。因此，图书馆管理有序的结构不可避免地会与理想中的管理效果产生偏差，从而形成一定的变异。这类变异一般在可控制范围内，不影响管理的大局势，是可控中的紊乱。这种可控的紊乱是一种良性紊乱，因为保持图书馆的活力是绝对必要的，也是一个有效的图书馆系统所不可避免的。二是失控的混乱状态。如果图书馆本身的组织结构不合理，管理员可能会在决策和命令上出现失误，或者外部环境的显著恶化，都会对图书馆产生很大的影响。破坏图书馆的协调和管理，是监管和权力结构犹豫不决，失去了各种因素的相互作用的结果，使图书馆活动不规律、混乱的趋势明显加剧。这种变化不能控制在一个合理的框架内，这种混乱会导致效率低下和管理中断，从而难以实现图书馆目标。在最坏的情况下，整个图书馆将崩溃，管理将完全失效。这种不受控制的混乱是一种恶意的混乱，对图书馆的危害极大，应该尽量避免。

图书馆管理系统的有序与无序，也意味着管理活动的过程化程度，是管理过程中各种机制和功能的有机联系与转化的结果。相对完整的管理过程是以决策为中心，包括规划、组织、指导、控制、评价等诸多功能的管理过程，这些管理过程有机地联系起来就转化为图书馆管理运动程序。这个程序建立了图书馆管理系统在实现目标的过程中必须遵循的行动步骤和顺序，所以整个管理运动的过程表现出一些规则和顺序，即时间过程，是管理过程的规律性。有序的图书馆管理过程必然体现在各种管理活动中。如果上一阶段还没有完成，条件还没有满足，就不容易进入下一阶段的工作。如果满足条件，则管理过程无损失地进入新阶段，实现不连续辩证的可能性和统一管理过程的连续性。在每一个阶段，管理者都善于抓住本质，顾全大局，突破困难，推动他人前进，如果内外环境发生变化，会适时工作，改变重心。整个管理过程呈现正确的优先级、正确的权重和正确的节奏。管理过程中要定期积极思考，在管理过程中实现变化和紧迫性的辩证统一，这是图书馆管理运动的程序化。

图书馆管理运动还有一个从无序到有序的迁移问题。换句话说，管理无序过程是混乱的，但是这种混乱状况通过管理协调可以变为有利的管理活动。有时外部环境与图书馆系统内部关系的随机变化破坏了最初定义的过程，造成位移、混乱，甚至倒置。例如，图书馆在实施一个管理计划过程中，发现该计划与客观实际有偏差，或者客观情况发生了显著变化，这个计划不能按期进行，那么就需要停止执行，重新修改或制订计划。所以需要保持健康和良性的管理过程，在这个过程中，这种无序实质是灵活性，是可以转变到有序管理中的，也是成功实现图书馆管理迁移的必要要素。

五、管理稳定与改革

稳定与改革是图书馆管理系统在历史发展过程中的两种不同状态和趋势。稳定性是指随着图书馆外部和内部环境的变化，图书馆管理系统的整体状态和趋势在发展过程中不发生变化或者变化很小，即处于相对静止的状态，也可以说是管理的连续性。改革是指随着图书馆内外部环境的变化，图书馆管理系统的整体状态和趋势需要产生重大的改变以适应新环境的需求，即处于大的变动的状态。

一般来说，图书馆管理要素和流程基本上是稳定的，这使得图书馆管理活动在图书馆发展过程中可以延续下来。然而，图书馆管理要素和流程的稳定性是相对的、是有条件限制的。首先，当我们说一个管理要素或流程处于稳定状态时，它只是相对特定的环境而言的，比如说高校图书馆的人力、财力、物力、图书馆运行系统等内部环境及社会、学校等外部环境没有发生改变或改变不大，原先的规章制度等管理活动完全适应环境，在这种特定环境下，管理要素和管理系统活动就是稳定的。但是，社会政治、经济、文化和科技总是在不断进步，促使高校发展，图书馆的规模和职能也发生了巨大变化，图书馆管理的主体和客体也在不断变化，图书馆管理活动要适应新时代的发展而改变，故稳定性是相对的、暂时的。其次，稳定性主要是指管理活动中的质变情况。虽然内外部客观条件发生了变化，但是图书馆管理过程、管理模式若没有发生质的变化，仍然保留着自己的特点，就被认为是相对稳定的。同时可以在不改变性质的情况下进行其他的改变。例如，在计划过程传递到组织过程之前，从关键选择目标到预算和决策计划都发生了质的变化，这并没有改变规划过程的性质，并且是稳定的。如果特定管理模式的内部矛盾还不足以打破系统的外壳，则这种管理模式是相对稳定的。

高校图书馆作为高校建设的三大支柱之一，其生存与发展和国家、社会、学校的发展息息相关，信息化、网络化、技术化的飞速发展促使图书馆要为读者提供更高层次的服务，原来稳定的管理系统已成为图书馆发展的障碍，这时图书馆管理者必须改革管理系统。改革意味着图书馆管理模式或管理体制发生重大的质的变化。改革是图书馆顺应时代发展的必然趋势，是图书馆自我革命、自我发展的重要手段。一方面，旧管理模式向新管理模式的质变和旧管理过程连续性、稳定性的中断，反映了图书馆管理活动的阶段性发展；另一方面，新管理流程的存在和旧管理活动的积极成果作为发展的基础得以保持和转化，从而将新旧管理流程的发展连续性与图书馆管理流程联系起来。

图书馆管理的稳定与改革是辩证统一的。一是稳定与改革相互渗透、相互作用。在图书馆管理模式整体发生质变之前，图书馆管理活动相对稳定，但局部改革始终贯穿其中，图书馆管理流程的各个环节或多或少都有改革，这些小的变革对图书馆管理系统的作用不大，使得图书馆管理稳定性持续下来。从管理过程到规划过程的反馈也是一种改革。改革是动态管理的根本特征，有效管理本质上是动态管理。因此，稳定具有改革的成分，另外改革也有稳定因素。改革不是一阵风或一阵浪，而是一个持续稳定的过程。改革需要一定的步骤，改革实施的政策、组织制度和管理方法具有一定的稳定性，以便在改革过程中观察、评估、控制和整合其结果。二是稳中求变。由于管理模式的相对静态和管理过程的量变，整个图书馆管理在一段时间内似乎是稳定的，一切似乎都在分阶段进行。事实上并非如此，由于受各种因素如学校教科研的改革、学科的建设、读者的文化层次等的影响，高校图书馆稳定管理的背后存在种种矛盾，如果这些矛盾严重到破坏旧的管理结构，管理活动严重阻碍各种业务活动和服务职能的发展，则全面改革是不可避免的。当改革建立新的管理体制时，这个管理体制下的管理活动基本适合图书馆各种业务活动的发展，为了整合结果，管理体制是稳定的，需要保持管理体制的稳定来促进改革。“稳、改、稳”是一个管理制度发展的实际过程，而这个过程的不断进步就是图书馆管理活动的演进和更新的过程。

总之，图书馆管理范畴代表了图书馆管理中个人与组织、组织与环境两个基本主题的进一步展开。每对类别作为一个矛盾单元在实际图书馆管理中并不是单独存在的，它与图书馆管理过程紧密结合，充分发挥各自的作用。在运用这些范畴来分析图书馆管理的实际活动及其矛盾时，这些范畴之间的相互关系和转化反映了图书馆管理有机融合的本质和规律，我们要正视它们在图书馆管理过程的特殊性和普遍性，并善于运用，使它们与图书馆管理真正结合，从而不断促进图书馆的发展。

第三节　高校图书馆管理的职能

管理过程学派认为管理由几个管理职能组成。但管理包含的职能到底有哪些，到目前为止，还没有任何说法可以说服所有人，不同的人认为管理有不同的职能。此外，在管理职能中还有很多种称谓，有人称管理职能为管理内容，有人称其为管理过程，有人称其为管理程序，有人称其为基本管理方法，有人称其为管理的表现形式。这种情况自然会影响人们对图书馆管理功能的研究。

高校图书馆管理职能的定义也众说纷纭，本书将图书馆管理的职能概括为五项，即计划、组织、领导、控制和评价。

一、高校图书馆管理职能——计划

计划是对未来活动预先拟定的方案、安排和应变处理。计划的目的是为了实现未来活动的各项目标任务。在管理学中，计划具有两层含义：一是计划工作，是指根据对组织外部环境与内部条件的分析，提出在未来一定时期内要达到的组织目标以及实现目标的方案途径；二是计划形式，是指用文字和指标等形式所表述的组织以及组织内不同部门和不同成员在未来一定时期内关于行动方向、内容和方式安排的管理文件。在高校图书馆管理职能中，好的计划将指导图书馆系统各要素、各环节和各部门的活动在时间、空间及数量等方面既互相衔接，又各行其是，达到实现图书馆良性运行的目标。计划根据具体的目标任务分为各类型计划，例如高校图书馆围绕学校建设的顶层设计，需要制订一个总体长期规划，这个规划叫战略计划；而图书馆的各个职能部门根据各自的具体业务需要制订一个计划，这个就叫工作计划，工作计划是短期的，每学期都需要重新制定。计划是减少图书馆资源分配不确定性的一种管理手段，无论是战略计划还是工作计划，都是通过采取预防措施为未来做好准备或解决图书馆未来工作的不确定性，从而根据目标一步一步地去操作实现。

计划职能涉及以下五个因素：

其一，有助于达到目标的政策；

其二，管理人员将要实施的项目；

其三，管理人员将会采用的过程；

其四，管理人员必须按时完成的时刻表；

其五，将会涉及的预算方面的考虑。

二、高校图书馆管理职能——组织

组织在管理学中是指为了实现共同的目标，按一定规则和程序而设置的多层次岗位及其有相应人员隶属关系的权责角色结构。组织在高校图书馆管理中的职能是为了实现“读者至上，服务育人”这个目标，根据图书馆各部门的职责权限建立一个协作框架的过程，以便图书馆成员共同协作实现图书馆职能的目标任务。组织结构、任务系统和汇报关系系统构成了组织的结果。图书馆管理者通过组织手段协调和激励图书馆成员努力工作以实现图书馆目标。高校图书馆的组织目标是构建文献信息资源库，创造优美环境，最大限度地为读者提供准确、便捷、及时等优质服务，为社会、学校培养人才，为学校教学科研任务提供服务。

图书馆组织职能主要包含以下几个要素：

第一，业务机构。将图书馆各职能部门的业务工作进行合理的安排和协调，使之具有更好的功能和位置。

第二，行政机构。为了有效地发挥业务机构的职能，行政管理人员必须为业务工作提供条件和人、财、物的保障。

第三，对外联系机构。图书馆必须保持和各院系资料室、其他高校图书馆的联系，以获取最新的服务信息。

三、高校图书馆管理职能——领导

领导的定义有许多种说法，不同的学者看问题的角度和侧重点不同，对领导的定义也有所不同。具有代表性的看法有：一是将领导定义为一种行为过程，认为“领导是影响人们自动地达成群体目标而努力的一种行为”，或者是“领导是对一个组织起来的团体为确立目标和实现目标所进行的活动施加影响的过程”。二是将领导定义为影响力，这种观点认为“领导就是在某种情况下，经过意见交流过程所实现的一种为了达成某种目标的影响力”。三是将领导定义为权力，其认为“领导是一种统治形式，领导即行使权威与决定”。还有学者认为领导是一种艺术。综上所述，本人认为领导既是一种行为过程，又是一种权力的综合运用，其本质是一种影响力。许多高校图书馆实行的是党领导下的馆长负责制，这是一种行之有效的管理体制。馆长用上级赋予的权力、影响力及个人的能力来领导和协调图书馆的整体行为，使图书馆的人、财、物良好运行，达到学校和读者满意的目标。

领导职能概括为以下两点：

第一，行为过程。根据内外部环境的变化，施加影响使图书馆的人与资源等要素相互配合适应环境的变化。

第二，领导力现象。用合适的手段和个人的魄力激发员工的工作热情和责任感，为读者创造一个和谐美丽的图书馆氛围。

四、高校图书馆管理职能——控制

简单地说，控制是指对工作的方式方法或工作误差进行调整或纠正。在管理学中，控制是指在“时间维度”“空间维度”和“思想维度”三个方面进行管理，即对工作目标、工作纠错、工作的方式方法等实施控制行为。高校图书馆在实际管理行为中往往受到各种不确定因素的影响，管理结果达不到预期效果，这是图书馆管理者不希望看到的结果。为了防止这种情况发生，控制的作用就显得尤为重要。通过实施控制功能，管理者可以在图书馆明显偏离其目标之前使其走上正轨。

控制职能包括以下内容：

首先，将实际效果与预测进行对比；

其次，将已获得的结果与目标要求、项目要求和计划要求进行对比；

最后，将实际成本与预算成本进行对比。

五、高校图书馆管理职能——评价

评价是在图书馆管理过程完成后的一套综合活动，根据管理的成效，对管理过程中的活动进行检查、分析、评比、总结、表彰、反省等，以接受经常性的教育，实现持续改进。这样既提高了管理效益，又实现了管理的良性循环。完成图书馆管理流程后，正确评估所取得的管理绩效和成效，吸取经验和知识，为下一个管理周期奠定基础，为持续改进工作打下坚实的基础。因此，评价不是图书馆管理过程的结束，而是图书馆管理过程的开始。以评促建、以评促改是评价的最终目的，对提高高校图书馆管理水平具有重要作用。

第二章

高校图书馆服务评价管理

高校图书馆是高校文献信息资源的集散地，它与教师队伍、实验室建设并称大学建设的三大支柱。图书馆为学校的教育、教学、科研提供丰富的馆藏文献资源和信息技术资源。随着教育、科技、文化、网络及学校建设的高速发展，读者对图书馆服务的内容、方式方法、环境等影响图书馆服务质量的各种因素提出了越来越高的要求，构架一种服务评价管理机制非常重要，有了服务评价管理机制可以及时对图书馆的服务质量进行评价，帮助图书馆更好地了解服务现状和存在的问题，及时改进服务质量，满足读者的即时需求。

第一节　高校图书馆服务评价的必要性与影响因素

一、高校图书馆服务管理的意义与创新

服务管理的定义因为服务提供者、服务对象、服务内容和服务形式的不同而有不同的解释。高校图书馆服务是以用户为中心，服务管理可以看

作图书馆管理者合理利用图书馆各种资源满足用户需求的服务过程，其最终目标就是让用户满意。用户的评价是高校图书馆服务管理活动的标准。因此，从根本上来说，高校图书馆要建立“以人为本”的服务管理理念。

与其他管理方式相比，服务管理具有完整性、及时性和灵活性的特点。服务管理是管理中的一个新概念，它不限于人力、财力、资源等多种管理形式，而且将这些管理方法整合起来，并加入独特的服务目标，以达到最佳管理效果。

同时，服务管理是时代的必然。以前的量化管理方法不能满足现代社会的发展，只有将服务作为管理的一个要素，才能更好地协调不同的资源，以实现组织的既定目标。

（一）高校图书馆服务性管理的意义

1. 有利于高校图书馆平稳发展

高校图书馆不仅是学生学习的第二课堂，更是教师教学、搞科研建设的智库，它肩负着为社会培养高素质新型人才的重要任务。高校图书馆做好馆员之间、读者用户之间的服务管理，实现资源的优化配置，对图书馆的平稳发展至关重要。

2. 有利于馆员自我价值的实现

在高校图书馆的日常工作中，馆员不仅是服务过程的施予者，也是服务过程的受益者。馆员是衡量图书馆服务质量的关键因素，因此图书馆管理要创新管理方法、完善激励机制，做到人尽其才，激发馆员的工作热情和工作的责任感、使命感，只有让他们信心百倍、充满激情地投入到图书馆的服务工作和建设中，图书馆才能提高服务质量。同时，馆员通过辛苦的工作获得了读者用户的认可与好评，自我价值得以实现，他们也获得了幸福感和成就感。

3. 有利于解决用户对图书馆资源需求的时效性、针对性和创新性不足的问题

图书馆有关人员要经常深入院系调研，了解学科建设情况和科研建设动向，提前计划文献资源建设的经费安排和纸质、电子、数字资源的比例

及数量。在服务过程中实时跟进读者对图书馆服务工作的评价，例如开展座谈会、问卷调查等了解服务效果，使工作思路更清晰，使服务管理更具有针对性、创新性和时效性。

4. 高校图书馆服务管理是学校教学实践活动的重要组成部分

图书馆文化无疑在学校文化的整体氛围中起着主导作用。图书馆服务管理极大地弘扬了学校以人为本、服务至上的文化精神，从而促使高校在建设社会主义精神文明的进程中发挥积极的作用。

（二）高校图书馆服务管理创新

1. 高校图书馆服务管理观念创新

在大数据时代，教育、文化及科学、信息技术飞速发展，高校为社会主义建设事业培养高素质新型人才的任务日益艰巨，图书馆作为高校人才培养的摇篮，要紧跟时代的发展步伐，不断改革、创新管理理念。“服务育人”的观念要彻底融入管理工作中，图书馆管理不再“以管理员为主”或“以规章制度为先”，而是切切实实以“读者为主，服务为先”，图书馆的工作宗旨就是服务社会、服务学校、服务读者。从“图书馆管理”到“图书馆服务管理”既是观念上的创新，更是管理手段和管理机制的改革。

2. 高校图书馆服务管理方法创新

（1）调整高校图书馆管理工作重点

大数据时代改变了高校图书馆的服务管理，使其工作具有时效性和针对性。管理工作需要以“服务读者”为工作重点，不断适应工作重点，不断形成工作体系，创新服务和管理。

（2）增强图书馆职能部门服务管理工作的独立性

以前，落后的信息技术让基层服务管理能够充分满足高校读者的阅读需求，但如今，多部门协作解决问题的工作模式不再具有竞争力，基层服务管理需要更多的独立性和直接性，因为直接提供服务可以更好地了解读者的需求，提供更具体、更有针对性的服务。高校图书馆应拓展独立性，旨在让基层馆员第一时间拥有权力和能力去解决读者需求。

（3）高校图书馆服务管理工作应当开辟系统化、常态化、社会化服务模式

系统化是指高校图书馆将以往分散的管理活动纳入系统化、程序化、常态化的服务管理过程。例如，将分馆和各院系资料室的资源整合在一起，在规划、实施和评价过程中进行宏观控制。常态化意味着高校图书馆需要提供日常服务活动，服务管理并不是高校图书馆用来应对竞争的口号，日常应用是它们的发展方向。社会化意味着服务管理不只限于高校本身，还需要鼓励社会资源的参与、多元社会渠道的开放、社会力量的整合，共同开展服务管理工作。

3. 高校图书馆服务管理人才创新

高校图书馆服务管理的本质是人的管理。人既是文化知识的创造者，又是文化知识的使用者和传播者。新时期，高校图书馆服务管理创新的首要任务就在于人才创新。图书馆要完善人才管理体制，调整人才结构，引进专业型人才、复合型人才。只有拥有了一支业务强、素质高的人才队伍，才能使高校图书馆服务工作全面做好、做强。加强人才队伍建设是高校图书馆必须长期坚持的任务。

现代高校图书馆馆员不仅仅是图书管理员，还是文献资源、信息资源、技术资源的整合者、管理者，更是各种服务的提供者。图书馆应经常举办馆员的业务培训活动，提供外出考察交流、进修学习等机会，鼓励馆员搞科研创新，提高业务水平，形成学习型、创新型、服务型的高校图书馆团队。为了激发馆员的工作热情，图书馆还应建立一套行之有效的激励竞争机制，建立一支团结向上、和谐友爱的队伍，为高校培养社会主义建设人才而努力。

二、高校图书馆阅读服务评价的必要性

现代社会，网络的发展给人们的学习、生活带来巨大的便捷，人们可以“快餐式”地从网上获取知识、信息，人们花在阅读上的时间越来越少。世界各国政府都意识到了这个问题，于是采取一些措施来推广阅读，

比如在我国，党的十八大报告提出“开展全面阅读活动”，并制定了《全民阅读“十三五”时期发展规划》，旨在推动全民阅读常态化、规范化，共建书香型社会。许多国家的图书馆陆续开展了形式多样的阅读推广活动，如美国的“一城一书”“夏日读书会”活动、英国的家庭阅读活动、日本的“阅读起跑线”活动等。我国各高校图书馆也全面开展了阅读推广服务活动，虽然取得了一些成效，但由于对阅读服务缺乏一个科学的评价体系，这些活动往往流于形式，没有达到预期效果。

阅读服务是图书馆最原始、最基本的一项服务，它是伴随图书馆的出现而产生的，在图书馆服务中具有不可替代的地位。西方图书馆学界对图书馆学评价的研究始于 20 世纪 70 年代，至今已经形成了许多有价值的理论，例如图书馆整体服务的质量评价体系和图书馆某些要素的服务评价体系（如图书馆馆员服务质量评分体系、电子资源评分体系等），但是对阅读服务评价的研究则很少见。国内对图书馆服务评价的研究始于 20 世纪 90 年代，对阅读服务评价的研究则更少。在中西方学术界对图书馆评价的研究成果中，仅有少量对阅读服务评价的研究，而且往往分散在图书馆的整体评价中，没有建立成套的阅读服务评价体系。这种状况对图书馆开展阅读推广服务是不利的。

人们对阅读重要性认识的不断加深和阅读服务评价指标缺失之间的矛盾，要求高校图书馆建立完备的阅读服务评价指标体系，借以激发图书馆推广阅读服务的积极性。

对高校图书馆阅读服务评价的必要性的研究主要从以下两个方面进行：

（一）高校图书馆提高阅读服务质量需要评价

服务一直是图书馆的核心内容，高校图书馆阅读服务的方式和内容与其他的服务有很大不同。高校图书馆阅读服务主要以向大学生传播知识、提高阅读文化素养、通过各种阅读推广活动开展阅读服务为主要目的。但是，对于高校图书馆阅读服务的有效性以及是否真正促进了大学生阅读的评价，目前还没有一个完整的评价体系。因此，为了从读者感知的角度评价高校图书馆阅读服务的有效性，有必要建立高校图书馆阅读服务的评价标准。总结经验，扬长避短，为进一步提高自己的阅读服务质量提供参考。

（二）读者获得满意的阅读服务需要评价

高校图书馆阅读服务的对象是读者。读者亲自参与到图书馆阅读服务过程中，他们的满意程度是对服务的最好评价。同时，通过读者的评价，图书馆获取了他们对阅读服务的意见和建议，从而改进工作，促进图书馆的阅读服务更好地满足读者的阅读需求。

三、影响高校图书馆阅读服务评价的因素

构建高校图书馆阅读服务质量评价体系，首先要了解服务过程中的各个环节对整体服务质量的影响，并以各影响因素的重要性为参考，然后再确定一个高校图书馆阅读服务评价标准。

（一）图书馆阅读服务资源与环境

高校图书馆阅读服务资源包括纸质文献资源和数字电子资源，阅读服务环境包括物理环境和人文环境。资源与环境是高校图书馆开展阅读服务的前提和保障，也是高校图书馆开展其他服务的基础和支撑。

高校图书馆与其他类型的公共图书馆在服务对象、资源整合、服务方式等方面有所不同。它的服务对象主要是高校的师生。大学教师和大学生、研究生都是文化水平高、知识储量比较大的群体，他们的教学、学习与科研活动所需要的文献资源和信息技术资源种类繁多，且更有专业性、前沿性和实效性等特点。所以高校图书馆在针对这些高素质的服务对象推广阅读服务时，首先需要整合大量的学科文献资源、信息电子技术资源，尤其是在建设数字信息资源时，需要满足专业性、多样性、前沿性及实效性等特点，以满足读者的阅读需求。

阅读服务的环境包括物理环境和人文环境。物理环境即硬环境，主要是指与阅读有关的实物，如建筑设施、阅读设备和阅读资源等。人文环境

即软环境，主要指阅读服务、阅读指导、阅读行为等。阅读环境是影响阅读服务效果的重要因素，因此，构建一个良好的阅读环境是提高阅读服务质量的重要因素。

（二）图书馆阅读服务人员

高校图书馆阅读服务人员亦称为馆员。馆员是提供图书馆各种服务活动的主体，是联系读者与图书馆的桥梁和纽带。他们也是衡量阅读服务效果的重要因素，他们的言行与素养影响着读者的阅读行为。

阅读行为是读者在阅读过程中所产生的生理和心理活动的一种外在表现形式，也是达到阅读目的和阅读效果的手段。阅读行为包含读者的意向、读物的内容、阅读的方式。针对不同类型的读者，馆员需做好阅读导引，这就需要图书馆既要有专业化的学科馆员，又要有全能化的复合型馆员。专业型的馆员在阅读服务中通过自己的专业知识去指导读者的阅读行为，如为读者推荐专业书目、快速查找专业读物等，使读者节省了阅读前的准备时间，能更有效地去阅读。阅读服务人员丰富的知识储备是其做好阅读服务的充分条件，而馆员的工作热情和亲切的工作态度也是阅读服务工作取得良好效果的重要条件。因此，打造一支能力强、素质高的馆员队伍是高校图书馆做好阅读服务的重中之重。

（三）图书馆阅读服务过程

综上所述，资源、环境、馆员、读者构成了高校图书馆服务工作的整体过程，也是阅读服务的整体过程。开展好的阅读服务活动就是要将这个过程中的各个环节、各个要素调动起来，使它们和谐共生。读者是这个过程的终极目标，整个阅读服务过程应体现“读者至上”的中心思想，围绕不同类型、不同知识结构的读者，图书馆应提供丰富多样的阅读资源、优良的阅读环境、高素质的馆员队伍，如果中间缺少任何一个要素，这个过程就不完整了，图书馆阅读服务工作就不能取得良好的成效。

（四）图书馆阅读服务管理

任何一个管理都需要一套严格有效的规章制度来约束，高校图书馆阅读服务管理也如此。当然，阅读服务管理是高校图书馆管理中的一部分，图书馆管理的规章制度同样适用于它。但是各部门、各服务项目因其服务性质不同，对它们的评价标准则不同。阅读服务的评价与高校图书馆阅读服务过程中的资源、环境、馆员、读者等组成因素密不可分。通过对这些因素规范化的管理，顺利开展活动，取得卓越的服务效果。建立良好的规章制度和激励机制，增强阅读服务人员的责任心和使命感。对高校图书馆阅读服务进行评价，及时调整服务策略和人员配置，从制度上保障高校图书馆阅读服务的质量和效率。

第二节　高校图书馆服务评价指标

高校图书馆阅读服务是高校图书馆服务的核心，是图书馆最根本、最广泛的一种服务，图书馆所有的工作可以说都是为了读者更好地使用图书馆资源，即阅读资源。阅读服务在诸多服务中具有代表性，下面以它为例对高校图书馆服务评价指标进行阐述。高校图书馆阅读服务的评价与图书馆服务的质量评价相似，但也存在差异。现代高校图书馆的服务质量评价已经从以图书馆单位为中心转向以用户为中心的评价标准，强调从用户感知的角度评价高校图书馆服务质量。LIBQUAL+TM 是专门用于评估图书馆服务质量的评价体系，主要从五个层面进行评估：有行性、可靠性、适应性、保障性、移情性（图 2-1）。高校图书馆阅读服务评价结构的重要内容包括阅读服务资源环境、阅读服务人员、阅读服务内容、阅读服务质量等。人们力求全面、具体地评价图书馆阅读服务的有效性，从图书馆阅读服务的物质资源到人力资源、阅读资源的使用以及它们对用户个人情感的影响等方面全面地评价图书馆的阅读服务效果。

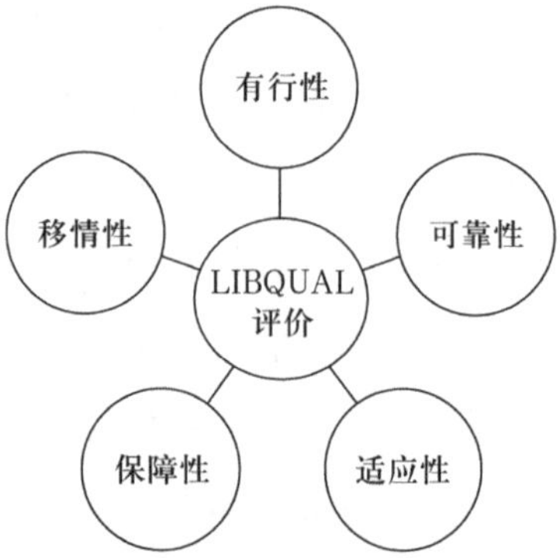

图 2-1 LIBQUAL+TM 图书馆服务质量评价

一、高校图书馆阅读服务资源及环境

（一）高校图书馆阅读资源满足率

阅读资源是高校图书馆阅读服务得以进行的前提和保障。阅读资源包括纸质文献资源和数字电子资源两大部分，读者对阅读资源的满意度是评价阅读服务的指标之一。

该指标主要是考核高校图书馆纸质资源的数量、多样性及广泛性。数量是看纸质资源是否能满足读者借阅的数量，比如前几年我国高校的办学条件指标中就要求生均100册纸质图书。多样性是指资源的种类能否满足不同专业、不同知识层次的读者的阅读需求。广泛性是指资源在时间、空间上的跨度，如时间上指资源能囊括古今，空间上指资源的原始性、前沿性。评价的最终目标是看这些资源是否能满足高校读者在教、学、研方面的阅读需求。数字资源因其具有存储信息数量庞大而又不占空间、表现形式多样（可以是静态的文字图片，也可以是动态的音乐、视频）而又可以实时更新、实时共享这些特性，读者不拘时间、地点都可以便捷、快速地获取自己需要的信息。相比纸质资源，读者更喜欢使用电子资源。因而在评价图书馆数字资源建设情况时，主要是看数字资源在图书馆资源建设中的比重、信息种类、获取时效、便捷程度等方面是否满足用户的需求，满足用户的个性化需求，图书馆是否实施网络化阅读导航系统、功能数据库、虚拟阅读交流会等方便用户阅读的形式。

（二）高校图书馆阅读设施的人性化

阅读设施是阅读资源的硬件资源，阅读设施的好坏直接影响着读者访问、使用资源的频率。

该指标主要是考核高校图书馆的阅读设施是否符合用户的阅读习惯。例如图书资料是否分类准确、排架是否整齐有序、阅览空间是否足够、阅览桌椅是否舒适等；数字资源的网络是否畅通快速、网页界面是否友好、检索功能是否齐全、内容查找并使用是否便捷等；图书馆是否设有借、阅、藏一体化的区域，是否有自助检索和预约功能的设备，是否提供自习室和朗诵室，是否设置有个性化学习讨论室、休闲娱乐区和休息区等。这些设施在很大程度上提高了读者访问图书馆的数量和频率，也是提高阅读服务质量的辅助因素。

（三）高校图书馆阅读氛围的舒适度

阅读氛围不仅包括图书馆的建筑设计、装修装饰、内部温度、通风设计、卫生条件等，还包括开放时间、阅读空间、走廊文化等，更重要的一点是学习氛围是否浓厚。这些组成元素能否符合读者的喜好，直接影响读者的阅读体验。数字图书馆的界面是否简洁大方，是否能唤醒用户的阅读热情，电子资源的字体大小、颜色、格式等是否能给用户带来极大的视觉享受，这些同样影响阅读服务的推广。营造一个窗明几净、绿色环保、舒适安心的阅读氛围是阅读服务评价的指标之一。

二、高校图书馆阅读服务人员

（一）阅读服务人员知识储备的丰富性

图书馆需要专业的阅读服务人员，在面对不同学科、不同专业的读者群，阅读服务人员可以根据自身的专业知识给他们提供帮助；同时，图书馆还需要兴趣广泛、知识涉猎范围广、懂计算机的复合型服务人员，他们有较强的信息整合和知识运用能力，可以应对读者阅读资源时出现的各种非专业性问题。

这一指标主要看图书馆服务人员能否解决不同读者提出的问题，是否具有扎实的专业知识和其他专业技能，是否能够使用不同的工具获取信息，是否具有高水平的理解、沟通和交流能力以及解决问题的能力。

（二）阅读服务人员的导读推广能力

阅读服务人员在阅读服务工作中主要是起到一个引导读者的作用。他们根据读者的专业、兴趣爱好、阅读习惯，向他们推荐书目和资料，引导读者查找相关的资源，减少读者盲目查找资源的时间，提高阅读效率。尤其在网络信息技术发达的今天，面对内容复杂、形式多样、浩如烟海的信息资源时，读者难以快速找到并提取自己所需的信息，甚至可能会受到不良信息的影响。为避免这种情况的发生，高校图书馆通过建立网络阅读导航、学科指南、学科阅读网站等辅助工具帮助读者分析有用的信息，主动为他们提供准确、及时的资源和文献传递服务。

这一指标是为了考察阅读服务人员的阅读推广能力，包括阅读服务人员能否充分展示自己的知识和才能；在为读者找到合适的阅读资源的同时，能否将合适的资源推荐给读者，从而架起读者与资源之间的桥梁。

三、高校图书馆阅读服务内容

（一）主题阅读推广活动的丰富性及新颖性

高校图书馆可以举办形式多样、内容丰富多彩、健康向上的主题阅读活动来吸引读者。例如在“世界读书日”倡导读者诵读世界名著；在中国共产党成立 100 周年纪念日，举办大学生“读百年党史，做红色传人”的演讲比赛；定期举办阅读月和读书节，引导读者多读国学经典名著，传承我国优秀传统文化；举办电子资源使用培训活动，向读者介绍电子资源的使用途径方法等。通过开展各种主题阅读活动，激发他们的阅读兴趣，增强他们的阅读意识，推广图书馆阅读资源，营造一个学习型图书馆。

这一评分指标主要涉及高校图书馆推广阅读的活动形式是否多样，是否能真正激发学生的阅读兴趣；图书馆开展的活动是否新颖有创意，能否调动学生的阅读热情。

（二）新媒体技术在阅读服务中的应用程度

新媒体是指基于互联网技术下的新媒体，它具有先天的技术优势和作为媒体的信息服务功能，还具有高交互性、实时性、共享性等特征。新媒体技术在高校图书馆工作中的运用，在服务时间、服务地点、服务方式等方面打破了传统。例如，图书馆可以通过数字图书馆、微信、微博、微电影等形式宣传资源信息，还可以与读者交流互动，扩大阅读服务推广辐射面。高校图书馆新媒体阅读服务需要满足读者需求，加快阅读速度，扩大阅读范围，激发阅读兴趣。因此，高校图书馆阅读服务需要重视新媒体的运用。

这一指标表示高校图书馆是否充分利用新媒体技术提供阅读、促进阅读。新媒体应用和方法是否满足读者需求，新媒体技术的使用是否能够促进阅读推广，新媒体技术能否正确培养读者的阅读习惯，是否能够节省时间，新媒体的使用能否激发读者的阅读兴趣等。

四、高校图书馆阅读服务质量

（一）阅读服务对读者阅读习惯的影响

读者的阅读行为不仅受自身内在动力的影响，也受外部环境的影响。高校图书馆阅读服务应该增加更多的阅读乐趣，图书馆可以通过开展阅读竞赛、专家讲座等形式活动来培养读者的阅读意识，并使读者积极参与到阅读过程中，提高他们的阅读效率。高校图书馆可以通过形式多样的阅读服务活动影响或改变读者的阅读行为，让喜欢阅读的读者更密切地参与阅读研究，让盲目阅读的读者具有明确的阅读方向。该指标的主要是考察高校图书馆开展阅读服务活动后读者人数是否发生变化，过去阅读频率较低的读者是否开始积极阅读，读者的阅读时间是否发生变化；评估读者的阅读内容和范围是否进行扩充，读者的阅读空间和阅读媒介要求是否得到提升。

（二）阅读服务对用户阅读能力的影响

阅读能力就是阅读理解力，它包括区分阅读材料的能力以及在阅读过程中分析、理解、评估和使用信息的能力。阅读能力的大小关系到读者的阅读兴趣、阅读成效，进而影响阅读目标的实现。阅读能力强的读者在海量的资源库里能更快地找到自己需要的内容，并能够提炼成自己的知识，甚至可以将知识延伸。他们如鱼得水，翱翔在知识的海洋里，阅读兴趣越发浓厚，阅读效果更加卓绝。反之，阅读能力差的读者在复杂繁多的资源库里不知所云，他们就会失去阅读兴趣，更谈不上提升阅读能力了。针对阅读能力差的读者，高校图书馆可以通过开展入馆教育培训、专家讲座、线上咨询等活动来增强读者的阅读意识，通过阅读辅导来提高他们的阅读能力。

这一评价指标用于评价用户在高校图书馆阅读理解推广活动后阅读理解能力、分析能力、鉴赏能力、整合信息的能力是否提高，读者对丰富多样的信息检索方法和技巧是否掌握。

第三节　高校图书馆学科服务评价

作为学科服务体系的组成部分，学科服务评价是优化学科服务体系最有效的方法。对学科服务体系进行科学、客观的评估是提高学科服务质量的重要保障。通过定期评估某个学科的服务质量，可以了解用户对服务的适应性和满意度，了解服务系统中不合理的地方以及服务过程中不适应学科服务发展的环节和因素。通过评估发现问题，从而促使高校图书馆采取措施改进学科服务管理，实现学科资源和学科服务人员的优化配置及管理，全面、准确地提高学科服务质量。

一、学科服务评价的产生缘由

学科服务是高校图书馆比较新的一种服务形式，任何服务都是因服务对象的需求而产生的。高校图书馆的服务对象主要是广大师生，他们的教、学、研过程需要大量的专业需求信息，为了满足师生教、学、研的资源信息需求，图书馆学科服务应运而生。但是学科服务能否达到预期效果，又用什么标准去衡量学科服务的质量，这个评价应该由学科服务的对象，即广大师生这个受服务的群体来进行。因此，构建一个科学合理的学科服务评价体系在检验学科服务质量、提高用户满意度、优化高校图书馆人力资源建设等方面有重要的意义和积极的作用。

同时，基于用户对服务过程进行评估会更加科学、客观、公正。这样既降低了图书馆管理者对学科服务质量评价的主观性，又可以发现学科服务体系中存在的问题。以评促改、以评促建，最终使高校图书馆学科服务向纵深发展。

此外，通过让用户成为学科服务评价的主体，可以提高学科服务的认知度，让用户更多地了解学科服务，激发用户参与学科服务的兴趣，赋能用户，提高学科服务的质量；同时增强用户对学科服务的监督的作用，监督学科服务的改进，促进学科服务的发展。

二、学科服务评价指标的设置

评价指标是指用于对评价对象和评价内容的基本情况进行描述表示的载体。高校图书馆学科服务评价指标就是对学科服务人员和学科服务内容在服务读者过程中的基本情况进行描述表示的载体。指标的定义必须科学全面，实际反映评估工具的意愿，衡量被评估内容的真实质量。

（一）评价指标的确定原则

学科服务质量评价指标的确立应遵循以下原则：

1. 科学性原则

科学性原则是指与学科服务实际工作情况相结合，能够全面、客观、准确地阐释学科服务的本质的理论所遵循的准则。

2. 导向性原则

导向性原则是指高校图书馆在进行学科服务活动时要有一定的方向和目标，以指导读者向正确的方向发展。评价的目的是发现问题，并解决问题。在设定评价指标时，要充分暴露各个薄弱环节，以便制订改进方案，改进工作。

3. 针对性原则

针对性原则是指在学科服务过程中，根据图书馆学科服务系统中各要素的实际情况，合理地确定与学科服务密切相关的人、物或事，不应包括与学科服务无关的工作。

4. 易操作性原则

易操作性原则是指对指标的内容、定义要清楚准确，使评估者能够充分理解指标，避免使用含混不清的术语。

（二）学科服务评价指标内容

1. 学科服务平台环境层面

这个层面主要看学科服务平台的空间布局是否合理，配套设施是否齐全，学科服务对象（这里主要指高校的广大师生群体）开展教学、科研、学习等相关活动的区域是否安静整洁，休闲环境是否优雅舒适，开放时间是否合适，等等。

2. 学科服务平台设备设施层面

这个层面主要看电子资源服务区设施是否齐全。例如，服务器和计算机，独立的可放置笔记本电脑的桌椅，独立的讨论室、多媒体室等设施是否齐全实用；配置数量是否合适；软件资源是否丰富。

3. 学科资源层面

这个层面主要是指收藏的纸质资源和电子资源是否丰富，比如按学科分类的纸质资源文献资料能否满足学习和科研的需要，电子资源导航的主体是否科学合理，各个学科的专业资源库是否充足，交叉学科的综合资源库是否齐全等。

4. 学科馆员层面

这个层面主要是评估馆员举止是否得当，馆员在接待读者时是否谦虚有礼，馆员能否准确、迅速地回答读者的问题等。

5. 服务效果层面

这个层面包括学科信息门户页面的布局对用户来说是否合适和清晰，虚拟专家平台接入是否顺畅，学科资源组织是否合适且容易检索，信息素养培训是否可行，是否提供有针对性、及时性的专题服务信息等。

三、学科服务评价过程

（一）学科服务评价准备阶段

学科服务评价的准备阶段主要从两方面着手，一是制定科学、合理、全面的有关学科服务内容的调查问卷，内容要涉及学科服务的各个方面，问卷可以采取线上线下两种方式进行，线下调查问卷数量要多，尽可能引导更多的读者参与。二是到各院系调研，开座谈会，了解师生对学科服务的意见和建议。问卷调查和座谈会都要保证各学科、各专业的师生都有参与，参与者的结构也要合理，如本科生、研究生、教师等都有一定的比例参与。

（二）学科服务评价数据统计分析阶段

学科服务评价数据统计分析阶段分两个步骤。首先，图书馆汇总调查问卷和座谈会的记录情况。其次，组织专人评估收到的调研的有效性，然后对有效调研进行统计分析。

（三）学科服务评价的评价结果应用阶段

对问卷数据进行分析的所有评估以及基于这些数据制订的计划和策略都只是纸上谈兵，只有应用于实践和改进特定学科服务才具有实际意义。经过一段时间的实践，应创建一份问卷来重新评估实践的结果。在制作再评估问卷时，要总结上次问卷所获得的经验和知识，全面考证，更加科学合理地评价学科服务质量。这样的持续反复有利于学科服务体系的持续优化和学科服务质量的持续提高。

第四节　高校图书馆服务质量评估体系

服务质量一般是指服务对象在被服务过程中的感受，服务质量的优劣不能由管理者或服务者来确定。高校图书馆服务质量是在为读者提供图书馆服务的过程中，读者对服务行为过程及服务环境的特殊感受。图书馆服务行为过程包含服务人员、服务资源、服务设施和设备等元素在服务环节中的表现。服务环境包括图书馆内部的装修装饰、物体的摆列存放等物理环境和学习氛围等精神环境。简单而言，图书馆服务质量的评价指标包含图书馆提供的服务内容、服务人员的服务行为、图书馆服务环境等元素。

一、高校图书馆服务质量评估体系构建原则

（一）科学性原则

科学性原则是构建评价体系的主要原则。如果不能以科学的观点建立评价体系，不仅影响评价体系本身的科学性，而且影响评价体系在图书馆评价中的应用和图书馆服务水平的提高。

（二）导向性原则

评估可以发挥一定的引导作用。为了充分发挥评估的引导作用，在建立评估体系时应考虑导向性原则。

（三）可操作性原则

可操作性意味着评估者可以轻松地评估不同的指标，评估每个指标是否可以衡量图书馆服务的质量。

（四）通用性和灵活性原则

通用性是指高校图书馆评价体系必须根据高校图书馆的基本特点来构

建，符合所有高校图书馆评价。灵活性是指高校图书馆评价体系必须能够适应不同的评价环境和评价对象。

二、高校图书馆服务质量评估体系构建的要点

（一）不断提高读者满意度

高校图书馆的服务宗旨是“读者至上、服务育人”，一切工作都必须以服务对象为中心。建立服务评级体系的目的是为了提高用户满意度。高校图书馆需要通过多种方式和渠道尽可能多地获取读者的感受信息，以获取客户满意度信息。图书馆还应采用适当的方法对这些信息进行处理和分析，以评估质量管理体系的绩效，促进图书馆服务质量体系的持续改进。

（二）建立服务承诺机制和处理投诉机制

为向各层级读者提供优质服务，高校图书馆建立了自己的服务承诺机制，倡导自己的服务承诺，努力践行服务承诺。服务承诺应包括以下几个方面：

一是承诺虚心接受读者对服务的监督；

二是承诺全心全意为读者服务；

三是承诺耐心回答读者的问题；

四是承诺保证充分的开馆时间；

五是承诺及时更新馆藏书籍；

六是承诺礼貌接待读者；

七是承诺保护读者隐私权。

投诉是高校图书馆服务质量体系监测和评价的重要方式，是指读者在接受服务过程中，对服务质量不满意，在提出意见或建议时，图书馆并没有采取有效措施来缓解矛盾或解决问题，读者便向图书馆主管部门或学校乃至更高级别的有关部门提出异议、抗议或解决问题的要求等。投诉反映了图书馆服务质量存在不足，说明图书馆服务有需要改进的地方。投诉既然是图书馆服务评价的一种重要手段，那么图书馆就需要建立一个供读者

多渠道申诉的服务机制，以便读者在与图书馆产生矛盾问题时，可以多渠道反映，而图书馆也能及时做出反应并处理，这本质上也是图书馆服务工作的一部分。图书馆管理层应使用数据统计对用户投诉的问题进行分类，并依据问题的类别归属，找到相关部门或人员，及时加以解决。基于此，高校图书馆评价体系的建立基本上包括两个方面。

首先，图书馆将直接自我评估和专家评估相结合，评估内容涵盖三个主要方面：图书馆的办馆方针政策、图书馆的办馆条件和提供的服务。高校图书馆不是一个独立的机构，这些领域的改进和建设将受到其他因素的影响，例如图书馆的资金来源、高校管理层和上级部门等，图书馆很难进行自身改进，而这些方面实际上影响了读者使用图书馆。

其次，评价来自图书馆的读者，例如读者满意度调查和申诉机制。意想不到的服务对于提高读者满意度具有非常积极的影响。在设计读者满意度时需要考虑很多方面，满意度调查样本容量可以是全部或随机的，可以充分反映真实的用户满意度。

三、高校图书馆服务质量评估方法

评估指标体系出台后，更重要的是落实，否则，评价系统只是个概念、毫无用处。实施高校图书馆服务质量评价体系，一方面可以评价相应的指标体系是否合理，另一方面可以发现高校图书馆服务存在的问题，促进图书馆进行整改和建设，达到提高服务质量的目的。

总而言之，高校图书馆服务质量评估方法有两种：一是内部评价，即图书馆自评。由图书馆工作人员根据各自的岗位职责自上而下或自下而上的评价。图书馆自评是从图书馆本身的管理和服务角度出发来评价的，具有一定的主观性，不能作为评价的最终结果。二是外部评价，是指图书馆服务对象对图书馆的评价。用户通过对图书馆服务过程的切身感受来评判服务质量。因而，对于图书馆而言，外评比自评更具说服力和客观性。因此，高校图书馆服务质量的评估应采用以外评为主，自评为辅的方法。

第三章

高校图书馆服务与管理模式创新

管理是指在特定环境下，以人为中心通过计划、组织、协调及创新等手段，对组织所拥有的人力、财力、物力、信息等资源进行有效的决策、计划、组织、控制等，以期高效地达到既定目标的过程。从定义中可见，管理是一个积极的、持续的创新过程。随着世界政治、经济、文化、科技的飞速发展，随着互联网大数据融入各行各业的每个角落，人们的生活发生了翻天覆地的变化，高校图书馆服务与管理的环境随之发生变化，传统的图书馆管理理论和管理模式已经不适应现代高校图书馆的发展，构建新的管理模式是时代的召唤，因此，高校图书馆的管理创新势在必行。

管理转型意味着管理者需要不断创新，以重塑现有资源，不断提高其更广泛的效益。这是一个使用新技术、新方法的过程。现代科学管理方法的应用和高校图书馆管理的创新体现了现代高校图书馆对高校科研和教学的作用。

第一节　高校图书馆服务与管理理念创新

一、高校图书馆服务与管理的人文关怀理念

人文关怀理念的核心是以人为本，强调人的主体价值。图书馆读者服务需要体现人文理念，以人为本，为自身立足、生存和发展奠定基础。①人文属性是图书馆的本质属性，图书馆的人文主义关怀理念是所有图书馆服务理念中最主要的。在图书馆服务不断创新的今天，要以全新的视角探索人文主义图书馆服务理念的思想渊源，解读图书馆人文主义关怀的时代意义，及其在图书馆存在和生存中的特殊价值。现代图书馆如何在其服务流程中充分实施这一良好理念尤为重要。

（一）图书馆人文关怀理念的缘起

图书馆是人类文化遗产和人类文明保存与传播的重要场所。从它收藏保存的资源文献层面说，这些资源既是记录人类社会、文明发展的历史资料，更是后人研究社会发展进程、吸取历史经验和教训、传承优良文化和去其糟粕从而不断创新进步的极其珍贵的财富。从古代藏书阁发展到现代图书馆，图书馆的作用和意义发生巨大的变化，但是它仍然会根据人的需要而不断调整自身职能，所以说，人文属性是图书馆生存的根本，离开了人对它的活动，图书馆就没有了存在的意义。美国图书馆学家谢拉早在 1876 年就指出：“说它是人文主义的，是因为从根本上讲，它研究的是人类思想和伟大探索的文字记录之间的那种微妙的、难以捉摸的关系。”“以人为本”的服务理念一直是图书馆强调的根本保证。图书馆是一个永久的文化和精神家园，为整

① 王蕾．人文服务理念在高校图书馆读者服务中的体现［J］．河南图书馆学刊，2018（12）：41-42.

个社会的人与信息的直接交流提供空间，提高社会人的高雅文化素养。在图书馆，每个人都可以在知识的海洋中自由畅游，滋养情感，获得启发、激励，并得到重要的建议和帮助。为此，图书馆的存在和发展需要树立图书馆人文主义服务理念。图书馆要求人文主义关怀，承认人的生命和自由，尊重人的价值和尊严。人文关怀本质上是指要承认人的物质生命和精神生命，承认人的自身价值和社会价值，尊重人的个性自由和社会自由。它既尊重了人的个体的价值，更体现了人与人类社会的生存、发展、命运和利益息息相关，这恰恰符合“图书馆服务的终极和最高目标是为人的全面发展服务”。

在图书馆发展史上，人文主义和人文关怀贯穿整个过程。文艺复兴时期，人文主义的思想道路也得到积极发展，许多倡导人文主义的学者参与到图书馆建设实践中，将人性融入图书馆，为大众创建一个享受人类知识精髓的图书馆。例如，英国议会于1850年通过了《公共图书馆法》，要求每万人拥有一个图书馆，为公民提供免费图书馆服务，依法保护公民享受知识的权利。图书馆人文关怀的思想，早在1972年被列为“世界图书馆宪章”的《公共图书馆宣言》中已庄严昭示：“公共图书馆应当随时都可让人到馆，它的大门应当向社会上一切成员自由地、平等地开放，而不管他们的种族、肤色、国籍、年龄、性别、宗教、语言、地位或教育程度。”① 美国图书馆协会1995年发表了《美国图书馆事业发展12条宣言》，强调图书馆是改变社会不公平现象的基地。图书馆应不论贫富等级，向社会所有的人平等地提供资料。可见，人文思想与人文精神是图书馆人文关怀的思想源头与理论基础。

（二）高校图书馆人文关怀的内涵

1. 为了一切读者

公共图书馆服务的主体是所有公民，人文关怀的对象也是所有公民。首先要增强图书馆管理的公众意识。比如，既要考虑到身体健康的读者的

① 史伟．我国全民阅读活动的转型与升级［J］．图书馆工作与研究，2015（10）：91-95.

入馆途径，也要考虑到身体残疾的读者的入馆途径，还要考虑读者群体的不同，如少儿、学者、普通大众等，相应地开辟适合他们使用资源的区域。其次要培养服务人员的公众意识。强调图书馆的工作是为大众服务的，而不是为了某个人、某个团体服务的，所有的入馆读者不能有高低贵贱之分，必须一视同仁、平等对待。社会中需要知识的人应该有进入图书馆学习的机会，树立读者观念和公众至上精神，使全社会的每一个人都能从图书馆的服务中受益，图书馆的人文关怀应是全面、公平公正的，这是图书馆服务读者工作的出发点和立足点。高校图书馆作为图书馆的一个类型，只是服务的读者范围缩小了，但是履行社会教育、学校教育的终极目标没有改变，其人文关怀的原则是相同且适用的。

2. 为了读者的一切

高校图书馆的人文关怀应考虑到读者的所有需求。人是具有社会、文化、历史和精神性质的复杂存在。人们始终是根据自身的实际需要有目的地去寻找并利用知识信息资源，因此，读者对图书馆的使用不可能有一个统一的标准，而是一个不断变化的动态过程。在高校图书馆，读者有学习、获得知识和技能的权利，他们在图书馆找到自己需要的信息，并享受知识带给他们的快乐，也可以仅仅是静静地坐着，享受片刻的安宁时光。在强调满足读者文化知识需求时，图书馆服务人员还要充分尊重他们的个性差异，使他们觉得被尊重和关爱。高校图书馆服务的目的是利用文化信息资源开展社会和学校教育、开发智力资源，尽可能地为社会的发展进步培养高素质的人才。

3. 一切为了读者

高校图书馆的人文关怀需要在整个过程中关注读者。读者使用图书馆、图书馆为读者服务是一个完整的过程，读者应在整个过程中受到全面关注，不但要关注那些长期使用图书馆进行研究、学习的读者，了解他们的阅读目的和课题研究计划，还要关注不经常来图书馆的读者，看他们的需求意向。服务过程中要发挥主动导航作用，协助制订主题搜索计划，提供所有可用资源，承担制定主题服务和后续服务。在整个信息服务过程中关注读者，充分体现人性化服务。高校图书馆的人文关怀应让读者感受到和谐的氛围，体会到积极向上的力量，树立正确的人生观，从而树立学习的信念，提高综合素质，使图书馆真正成为任人遨游的知识海洋。

（三）图书馆人文关怀的价值

尊重人类的价值和尊严，主张人类进步是社会发展的目标，这是图书馆管理的中心思想。图书馆管理需要着眼于人文精神的进步，呼唤人文精神的复兴，这是一个无法回避的问题，这是现代图书馆学的发展趋势，是图书馆生存和发展的重中之重。

随着人类文明的发展和社会的发展，教育和文化权利在尊重经济权利的同时成为社会关注的话题。公民文化权利最基本的要求是享受文化成果，包括使用图书馆等基本文化设施。图书馆是知识和信息的收集与传播中心，是公民了解和获取文化信息的平台。图书馆的主体部分是读者，图书馆的价值体现在主体部分需求的满足上。图书馆人文关怀是图书馆人文传统的概括和总结，其理念贯穿着对人类价值和尊严的尊重，闪耀着图书馆人文主义的光辉，居于图书馆所有服务理念的首位。

（四）图书馆读者服务体系的构建

图书馆中的“以书为本”或“以位为本”的工作机制无法将图书馆中的各种服务关联起来，系统对不断变化的读者需求的反应非常缓慢，根本无法适应动态变化或实时变化的读者服务需求。因此，为了使图书馆真正贯彻人文关怀理念，图书馆必须改变服务管理理念和服务模式，根据读者年龄层次、知识结构等，重新整合图书馆的各种资源和服务功能，构建一个协同动态的服务体系，尽最大努力满足读者不断变化的需求。

1. 推行“首问负责制”

为了更好地服务读者，图书馆可以实行“首问负责制”，就是首先接到读者的咨询问题或求助时的服务人员，就是第一个要对其负责的人，既要负责解答读者在使用图书馆时遇到的问题或质疑，又要将读者的意见或建议向上反映，直到读者的问题得到解决，还要追踪服务，经常回访，最终令读者满意。无论读者采取何种形式咨询（线上或线下），被咨询者都要耐心细致地解答，想方设法地为读者解决问题，不得敷衍、推诿。落实“首问负责制”，要打造一支业务能力强、综合素质高的服务人员队伍，只有真正做到有问必答、有疑必释、有难必解，令读者满意了，才能树立良好的服务形象，拓展优质服务的内涵，提高图书馆的服务效能。

2. 确立全过程读者引导机制

为满足高校不同层次的读者对图书馆服务的需求，需要在整个过程中树立持续服务的新理念，建立不间断的读者引导机制，包括从图书馆服务台和计算机自助系统进行纵向引导，以及不同服务层次之间的横向引导，确保读者在图书馆引导服务中不出现“断链”的现象，也就是说，避免出现“拒绝”为读者服务的现象。有了这个系统，如果读者的问题超出了图书馆服务人员的知识和能力，图书馆服务人员可以自由地将读者问题提升到更高层次的解决方案，这适用于面对面服务和“人机合一”服务接口。建立贯穿全过程的读者引导机制，需要一套完整的程序和制度，在高校图书馆服务职责范围内实现引导功能，每个服务点需要的知识、如何回答读者的问题以及如何正确管理它们都需要明确的操作规范。

3. 建设分层次个性化服务功能体系

“以读者为中心”是高校图书馆服务管理工作的出发点和落脚点。从广义来说，阅读服务是图书馆所有服务的总和。例如，高校图书馆为读者提供的服务有：借阅服务、检索服务、查新服务、参考咨询服务、新书推荐服务、入馆教育服务、资源使用培训服务、资源传递、馆际互助服务等，这些服务的最终目的是让读者“阅读”资源，也就是使用资源。但是，由于读者群体结构不同，所需的服务侧重点也不相同，所以图书馆建设一个分层次的个性化服务功能体系是十分可行且十分必要的。

4. 倡导读者广泛参与高校图书馆管理活动

建立读者委员会机制①，让读者参与到图书馆管理活动中。在管理上，

---

① 孔祥武．读者参与公共图书馆管理的新思考［J］．科技风，2018（14）：242.

让各知识阶层的读者参与，不仅是有效的监督，更重要的是加强图书馆与社会的沟通；拓宽图书馆沟通渠道和管理，有效提高图书馆运营水平，进行制度创新和服务理念创新。

读者委员会在高校图书馆称为大学生读者协会，它们只是因读者的范围不同而名称不同，其性质基本相同，都是由图书馆服务人员代表和读者代表组成的。大学生读者协会通过多种方式与途径了解读者使用图书馆的意见和建议，并及时将读者的意见和建议提交图书馆管理层，最后将解决问题的结果反馈给读者。大学生读者协会是图书馆与读者联系的桥梁，是图书馆服务与管理体系创新的重要信息来源，组建大学生读者协会可以有效提高动态服务机制的响应能力。

总而言之，高校图书馆需要全面贯彻人文关怀的理念，全心全意为读者服务，面对任何读者都要积极主动、热心服务，有文明礼貌的服务语言和良好的信息服务技巧，向读者提供优质参考建议，将图书馆发展成为知识经济时代真正的精神文明大厦。

二、高校图书馆服务与管理的常变常新理念

常变常新是图书馆的灵魂。图书馆面对网络化、信息化的挑战，要充分发挥自身的职能，必须在外部形象、资源建设及读者服务工作方面力争常变常新。[①] 特别是高校图书馆作为人才培养的重要基地，要充分认识高校推进“双一流”建设目标对图书馆建设与服务的新要求，立足“读者至上，服务育人”的职能定位，明确历史使命，与时俱进，注重服务理念、服务方式的创新，真正实现图书馆建设的常变常新，提高信息服务保障能力和服务管理质量。

（一）图书馆常变常新的内涵

常变常新是图书馆的灵魂。为什么这样说？基于这样三个理由：一是常

① 李旭东．“互联网+”高校图书馆服务创新的路径［J］．河南图书馆学刊，2017（5）：42-44.

变常新贯穿整个图书馆发展史。从古代封闭式的藏书楼到近代以纸质印刷型出版物为主的传统图书馆至现代数字化、智能化的图书馆，可谓发生了翻天覆地的变化，而且这种变化呈现出节奏加快、日新月异的特点。二是常变常新是图书馆应对挑战的法宝。在步入信息社会后，手机、电脑、网络的普及，给图书馆的生存和发展带来了巨大的挑战。图书馆近年来出现了读者到馆人数和印本书借阅量的持续下降的现象，昔日门庭若市的火爆场面难以再现。阮冈纳赞提出“图书馆是发展中的有机体”，要让这个有机体永葆青春、充满生机活力的唯一法宝就是常变常新，顺应时代的潮流，走在时代的前列。三是常变常新是图书馆发挥职能作用的强大武器。唯有常变常新，才能挖掘图书馆自身的长板，形成核心竞争力；才能充分发挥图书馆的职能作用，在创新中求发展，在发展中不断创新；才能在信息时代立于不败之地。图书馆常变常新的内涵与特征可表现在以下几个方面：

1. 形象上的常变常新

图书馆形象上的常变常新，并不是要求“新、奇、特”，摆弄一些哗众取宠的形式。相反，是注重文化内涵的不断积淀与创新。高校图书馆与一般图书馆相比，不仅是一座文化建筑，更是满载大学精神和大学文化的殿堂，[①] 其建筑设计、内外环境、网站页面设计应紧跟大学办学定位目标的要求。同时，要适应读者的心理阅读需求。图书馆的空间布局、配色方案、网站设计等各方面都精心为读者营造一个更好、更安静、更舒适的学习与阅读环境。图书馆的空间布置的合理性和准确性，需要体现对读者的人文关怀，突显大学的文化氛围，展现图书馆方便快捷的服务态势，并且时常更新，注重时尚，吸引读者，让读者每次走进图书馆总有一种耳目一新的感觉。

2. 资源上的常变常新

图书馆资源上的常变常新主要指资源建设要彰显个性、追求特色。充

---

① 赵雪岩，彭焱．世界一流大学图书馆的内涵、本质及建设路径研究［J］．河南图书馆学刊，2018（10）：45-47.

分开发与利用特色文献资源是提升图书馆竞争优势、激发创新活力的关键因素之一。① 步入21世纪以来，图书馆文献资源建设快速发展，已经形成了相当大的规模，目前部分存在着同质化的不良现象，必须转变发展模式，从追求数量向追求质量发展，从追求“大”而“全”向追求“特”和“个”发展。有特色才会有吸引力和竞争力。有特色的馆藏资源，必定会吸引对此感兴趣的读者；同时，读者的关注和需求又会进一步促进馆藏特色资源的开发利用。可以说，资源是立馆之基，特色是兴馆之要。图书馆的特色文献资源不仅是一所图书馆区别于其他图书馆的优势所在，更是一笔珍贵的财富。因此，建设好特色文献资源是开发利用资源的基础保障条件之一。

3. 服务上的常变常新

图书馆服务上的常变常新主要是指采用最新信息技术与服务手段创新服务方式，提升服务层次。服务工作是图书馆永恒的旋律。图书馆优雅的环境、特色的资源归根结底要通过服务来发挥作用。满足读者需求是图书馆服务运营的目的。因此，为适应新形势、新任务，图书馆既要与时俱进，又要开拓创新，随时转变服务管理理念，充分利用最新网络通信技术和其他创新服务的管理模式为用户提供更好的服务，推动图书馆向新的方向发展。

提高高校图书馆建设水平和服务质量，关键是要解放思想，更新观念，完善服务保障体系和模式。由于网络时代，大数据技术的广泛运用，资源载体数字化、知识信息网络化，读者获取文献资源和信息资源的渠道和方式呈现多元化、便捷化。如何吸引更多的读者使用图书馆，这对高校图书馆建设和服务管理提出了挑战。要解决这一问题，首先，高校图书馆要配备充足的数字资源，能满足读者对信息资源的需求。其次，要有各种形式的线上服务，能满足读者不受时间、空间的影响获取图书馆提供资源

---

① 淳于凌．基于AHP海峡两岸体育院校图书馆建设因素比较研究［D］．长春：吉林体育学院，2016.

的服务。因此，高校图书馆要在服务内容和服务形式上常变常新，以增强图书馆对读者的吸引力和影响力。

（二）图书馆实现常变常新的路径

1. 不断创新外部形象

一是空间布局留住人。在大学校园里，高校图书馆是一座标志性的建筑，往往矗立在环境优美的地方，它是学校精神文明的象征。在建筑设计中，图书馆建筑的造型不仅要体现人文文化和艺术设计，还要考虑图书馆的功能要求，保证空间的扩展性和建筑内外的和谐性。合理组织图书馆建筑内的空间，形成一个完整的单元。① 如有些高校现有馆舍是在旧馆改建基础上修建的。空间布局上采用藏查借阅参一体化，服务区域前后贯通无障碍；为了提高资源的综合利用效益，实现了书刊一体，纸电一体，一站式服务；配合 RFID 自助服务系统，读者感到方便、快捷；在色彩的选择上，以宁静清新的淡绿色为主，全馆的窗帘均为淡绿色，各楼层因资源主题不同赋予了不同的色彩，一楼自然科学资源橄榄绿，二楼人文自然科学资源蔚蓝色，三楼哲学社会科学资源粉红色，四楼古旧书刊资源古铜色。高层书架集中在北面排列，南面是低层的刊架和宽敞的阅览空间，采光好，通透明亮，在高低错落处放置了绿色植物，令人赏心悦目。

二是文化氛围感召人。高校有其特殊文化氛围，人才培养需要有文化来培育精神。高校是培养人才的地方，育人的文化资源有得天独厚的优势。如人文学科资源新书展示区，展示台是由古色古香的木架搭成，新书放在特别装饰的书架上，休息椅全部是淡黄色，刊架上摆放了各类学术期刊、大众期刊，阅览室的立柱上制作了读书名言警句，进一步加深了阅读的氛围。

三是时尚设计吸引人。高校图书馆不仅是学校的文献信息资源中心，同时是学校的学术交流中心及学生的学习场所。图书馆除了采编室、书库、阅览室、自修室、检索室外，还要有不同类型的学术交流场所，如高

---

① 姚春美．空间·人文·技术——论生态美学视野中的下一代图书馆建筑［J］．图书馆研究与工作，2018（9）：12-16.

端大气的学术交流场所——教授之家，可供30~40人进行课题研究、教学使用；多功能报告厅；舒适幽雅的学术沙龙区和小组研讨室及读者自修室等。阅览室设置了色彩亮丽、舒适的沙发，摆放了美丽健康的绿色植物，营造了一个安静优雅、明亮舒适、学习氛围浓厚的学习、阅读环境，这样的环境令人赏心悦目，是读者安心阅读和学习的绝佳场所。图书馆服务人员可以经常更新一些书刊的布置，如主展示台的图书花堆造型月月变化，新书区更是一两周就有新书源源不断地补充进来，图书馆海报定期更新，总服务台的摆设经常翻新，图书馆网页也定期更新，读者每次到馆扑面而来的就是一种新意，这种新鲜感吸引着读者不时地来馆。图书馆还可以通过经常举办大型书展、大型现采、读书活动和借阅赠礼、爱心伞、VIP升级活动等，来吸引广大读者使用图书馆。

2. 着力构建信息资源体系

信息资源是高校图书馆履行服务职能的物质保障和前提条件，也是联建共享的核心内容。图书馆作为大学文献信息中心，不仅着眼于大学本身，更着眼于全国，推动教育改革，为大学生提供国内外各领域的信息资源。没有哪个图书馆可以涵盖大学生需求的方方面面，需要有机地整合自己学科的知识和信息，走建设、合作、共享图书馆的道路，为教学、科研和人才培养长期积累原始文献资源。

① 资源多样性、前沿性、专业性

一是满足读者的各种信息需求。学科之间的相互渗透，以及不同大学的培训对象的类型不同，需要图书馆提供内容丰富、形式多样、来源广泛的多样化信息。

二是满足读者前沿信息需求。在知识更新的步伐不断加快的今天，读者需要用最短的时间了解该领域的最新动态，及时获取具有创新内容的更新信息。

三是满足读者的专业信息需求。高校的教育教学改革与实践必须有多种学科和信息的支撑，图书馆必须提供精心挑选的、详细的、科学完善的专业信息。

面对复杂多变的信息需求，高校图书馆只有通过加强馆际合作、资源共享，才能提高读者的资源保障效益，而且可以减少资源重叠带来的浪费，从而提高图书馆的综合效益。

② 资源建设特色化，与企业对接，采用订单保障模式

一是重点打造特色资源。高校图书馆要根据领域需要，进行针对性领域专家资源的获取和引进，重视领域特色资源的采购与引进，加快原创文献资源的数字化进程。

二是重视原创资源的收集。高校图书馆利用向各学科、专业延伸服务之际，派人到各二级学院、合作企业、科研院所等部门收集实践活动中产生的信息资源或最新成果，并将这些信息资源或最新成果充实到图书馆信息资源体系之中，而且与这些部门建立信息共享机制，努力实现高校图书馆资源建设与社会需求的有效对接。

三是实行菜单式订购，学科专业图书采购由相关教研室决定。图书馆将征订书目通过网络办公系统发送到教研室，由专业教员根据教学需求进行勾选、反馈，由图书馆统一采购后配发至教研室、资料室，供教学研究参考使用，图书馆再配复本馆藏，并建设数字化教学参考资源数据库。

3. 勇于变革服务模式

服务创新必须找准图书馆的职能定位。高校图书馆要牢固树立高等教育“务实导向、贴近需求”的理念，不断推进教育和教学改革创新。图书馆作为高校文献情报中心和学习的第二课堂，是培养人才及促进人才发展的重要场所，在促进新领域人才增长方面发挥着核心作用。以大学教育信息、理论实践和社会需求为导向，以共建共享为动力，用好“全校一馆”，为高校发展提供更好的保障服务工作。

① 引入微信、QQ 等应用程序

微信是一个为智能终端提供即时通信服务的免费应用程序，它支持跨通信运营商、跨操作系统平台通过网络快速发送免费语音、短信、视频、图片和文字，还可以通过朋友圈、公众平台分享和推送消息。QQ 的功能与微信基本相同。微信与 QQ 的这些功能特别适合高校图书馆开展服务工

作。图书馆通过微信公众平台推送图书馆的信息资源情况，还可以建立诸如图书馆阅读圈、服务交流群等微信群或QQ群，方便读者咨询问题、交流对图书馆服务工作的意见和建议。微信或QQ在高校图书馆工作中起到很重要的作用。

一是提高信息服务关注度。通过微信或QQ让用户了解和使用图书馆信息资源服务。

二是在线咨询服务。当读者使用图书馆数字资源遇到问题、读者需要利用文献传递服务获取科研资料、图书馆新书通报及精品图书推荐反馈等，都可通过微信或QQ进行咨询、释疑。

三是个性化推送。当某些读者急需一些特定专题资料信息时，图书馆服务人员可以通过微信为其提供急需的专题咨询服务和资料传递服务。例如，水浒研究学院急需一些相关的水浒专题资料；新生不懂如何利用数字图书馆查询所需资料；毕业生撰写毕业论文时，不懂如何通过专业数据库查询资料；读者需要通过馆际互借获取、使用其他高校图书馆的资源时，不懂流程、不会操作等。高校图书馆服务人员可将相关信息组织成专题，通过微信向需要的读者发送专题信息，并根据读者通过微信提交的信息进行决策。可以对读者经常访问或检索的信息进行数据挖掘与分析，评估读者的潜在需求和推送服务。

② 变革服务模式，重视人才建设

一是转变工作思路，主动作为。高校图书馆工作应该由被动服务转变为主动服务。多数情况下，图书馆馆员只有当读者入馆时，才为其服务的；线上服务也是如此，读者问馆员答。这种被动式服务模式不能吸引读者使用图书馆资源，已经桎梏了图书馆的建设和发展。要改变这种现状，高校图书馆要化被动为主动，要主动到读者当中调研，实时了解他们的资源需求，为他们提供帮助、解决问题，从而增加图书馆的吸引力和影响力。同类型的高校图书馆，它们在学校环境、办馆规模、资源建设等方面相差无几，但是，它们在读者眼中的表现大不相同，有的充满魅力，有的则枯燥乏味，主要原因是图书馆服务理念和保障理念的差异。要积极探索与大学具体情况相对应的服务保障模式，如与教育和研究相关的综合服务的开展，围绕新生入馆教育开展实时咨询服务，围绕教学需求开展菜单式订购、推送式服务，围绕企业实践开展延伸式服务，等等。服务保障范围要由封闭到开放、由本校面向地方甚至全国、由高校拓展到企业和社会。

二是努力打造集成高效的服务系统平台。① 运用好统一研发的高等院校图书馆信息管理系统和 RFID 自助服务智能系统。在完善管理运行机制的基础上，按照标准化、规范化的要求，使用高校图书馆统一的数字资源建设系统，适应整体联合服务的需求，构建一体化服务保障体系。各高校图书馆要与相关企业联合，拓展服务范围，增强服务职能，为企业实施远程推送所需的信息资源，使企业能够便捷地获取生产或改革创新所需的信息资源，积极主动为校企合作提供高质量的图书馆服务。

三是着力加强图书馆专业人才队伍建设。坚持走出去、请进来的做法。建立高校图书馆、企业和相关单位相结合的业务交流培训机制，让年轻的业务人员走出去参加各类业务培训；建立图书馆服务与教学科研深度融合机制，将一批学者教授请进来，担任图书馆学科咨询专家，充分发挥他们深厚的专业造诣以及热衷于信息资源建设与服务的优势，满足高校学科建设的需求。

随着信息化技术的不断发展，信息网络环境不断完善，数字化信息资源更加丰富，信息获取途径和渠道更加多元化，专家队伍日趋成熟，高校图书馆服务与管理也在不断变化和创新。图书馆要着眼于信息技术发展的大趋势，紧跟高校建设水平不断提高的步伐，围绕教学改革和学科建设的新需求，搭建先进的信息交流共享平台，不断提高图书馆的服务水平。

三、高校图书馆服务与管理的核心竞争力理念

核心竞争力即核心能力理论是近年来管理学界出现的核心理论之一，

---

① 牛振恒，张桂英，冯志纲．论图书馆群组知识平台建设可持续发展的对策［J］．河南图书馆学刊，2016（9）：68-70.

它揭示了在企业表象及所处环境之外的能使企业获得优势的内在特质。基于人们对图书馆理论和实践现状的担忧，我国图书馆学界于2000年提出图书馆核心能力（图书馆核心竞争力）的观点①，自此掀起了图书馆核心能力本土研究的热潮。

（一）图书馆核心能力的理论来源

图书馆核心能力这一概念源于企业核心竞争力概念。1990年，美国经济学家普拉哈德和哈默尔在《哈佛商业评论》发表了题为《企业的核心竞争力》的论文，首次提出了核心竞争力这一概念。1991年，普拉哈德和哈默尔进一步提出了判断核心竞争力的标准：第一，核心竞争力需要得到市场的认可，也就是说它可以提供进入相关潜在市场的机会；第二，核心竞争力需要能够通过降低成本或增加价值来帮助他们提高效率并增加客户的利润；第三，核心竞争力很难被竞争对手复制，这是保持核心竞争力优势的唯一途径；第四，核心竞争力必须是异质性的；第五，核心竞争力应该很难被替代；第六，核心竞争力必须具有较强的延展性。

（二）图书馆核心能力的内涵、特征与要素

图书馆学界从普拉哈德和哈默尔的“企业核心竞争力”拿来并提出了图书馆核心能力的概念，逐渐实现了该研究领域的本土化。基于多年的研究结果，对图书馆关键特征的研究和理解，出现了百花齐放、百家争鸣的局面。图书馆核心能力研究主要有三大主流观点②：从社会的角度来看，图书馆的核心竞争力被视为保障知识自由的社会制度；从系统的角度来看，图书馆的主要竞争力是它的技术、运营和管理与文化的结合；从服务的角度来看，图书馆的主要特征是知识服务。

---

① 郭晶．论图书馆核心能力的形成及培养［J］．图书馆学研究．2000（1）：55-57.

② 徐引篪，张秋．图书馆核心能力研究的三大主流观点［J］．图书情报工作，2005（6）：66-70+36.

1. 图书馆核心能力的内涵

纵观图书馆核心能力的众多定义，从各个角度诠释了人们对图书馆核心能力这一概念的理解，其中不乏真知灼见，其理论创新不断推动图书馆核心能力研究向深度和广度发展。对于图书馆核心能力的概念，大致有四类：第一类是“能力观”，即把图书馆核心能力界定为一种能力；第二类是“资源观”，即把图书馆核心能力界定为一种资源；第三类是“协同观”，即把图书馆核心能力界定为一种由能力、资源或其他因素协同而成的特殊体系；第四类是“要素观”①，即把图书馆核心能力界定为图书馆发展中发挥重要作用的某种要素。

笔者综合各位学者的观点认为：高校图书馆核心竞争力是图书馆长期积累的独特能力的集合，支撑着图书馆的长期生存和发展，以图书馆资源为基础获取、开发、整合和利用资源，最大程度满足用户需求，是不断创新发展的力量源泉。该定义揭示了图书馆核心能力的含义：第一，图书馆核心能力是图书馆在长期发展过程中积累起来的、并已融入到图书馆本质中的能力。第二，图书馆核心能力是一个明显区别于其他信息机构的特征，赋予图书馆自身的竞争力，使竞争对手难以复制或转移。第三，图书馆的核心能力是基于人力资源、文献资源、技术设备等的能力，这是由技能组成的能力集合，该能力汇总显示了不同图书馆的不同特征，形成了强大的核心力量，极大地支持了图书馆的发展。第四，图书馆核心能力是其保持竞争优势的源泉，图书馆核心能力的出发点和落脚点在于最大限度地满足用户需求。

2. 图书馆核心能力的特征

高校图书馆核心能力具有以下特征：

独特性。高校图书馆核心能力是在自身长期发展过程中经过不断改革创新积淀而成的，在表现形式上往往不会体现为图书馆行业整体核心能力，而是重点体现作为个体的图书馆核心能力，这使得图书馆核心能力具有鲜明的独特性，即我们常说的“特色”。

---

① 姜波．图书馆核心能力理论剖析［J］．兰台世界，2014（23）：122-123.

价值性。高校图书馆的价值性是指它能为其服务对象——广大师生（用户）创造价值，实现知识增值。它的核心竞争力本质上就是它的价值性，体现在其能满足读者（用户）教学和科研的资源需求，扩大读者的知识面，最终实现更大的成就。

延展性。高校图书馆核心能力是相对的、动态的，而不是绝对的、静止的。它与一定时期社会对高校人才需求的方向、学校教学改革发展的目标、用户需求以及图书馆资源等变量关联，并随之变化而发展，其核心能力组合到不同的服务创新环节中，将不断推出服务创新成果。

知识性。高校图书馆核心能力是知识经过积累、提炼、升华后形成的“知识的知识”，图书馆借助于新知识与新技术的驱动，更加高效准确地实现智力资源的传递与开发。

耦合性。耦合性就是指两个或两个以上的关系之间关联程度的质量，关联的具体形式可以是相互间的影响、依赖、联系、连接等任意一种或多种组合。① 高校图书馆核心能力由图书馆的人力资源和信息技术资源等因素组成，由整个图书馆服务体系的能力构成，并不是单一的能力或技能。核心能力和其他能力可发生耦合作用，即可产生 1+1>2 的效应。

3. 图书馆核心能力的要素

人才因素。在服务行业，人才是第一资源，是竞争力的重要指标。人才是高校图书馆核心能力的关键组成部分，是知识服务创新的执行者。一支专业性、复合型人才队伍，是高校图书馆开展高效服务的有力保障。如果没有配套的高素质服务人员，哪怕资源再丰富、技术设施再齐备、科学技术再先进，图书馆也无法提供满足读者需求的高质量服务。除了有效利用人力资源、分配岗位、充分协调和相互支持的方法外，强大的知识服务能力是展示自己能力的重要手段。

资源因素。资源是高校图书馆核心能力的关键组成部分。如果说人才

① 钱丽丹，蔡斌松．基于 Android 平台的移动图书馆设计与开发［J］．计算机时代，2015（2）：21-23.

队伍是高校图书馆的“巧妇”，则资源就是它的“米”。“巧妇难为无米之炊”，一个高校图书馆没有能满足本校用户需求的各种文献信息资源，就失去了核心竞争力的根基。用户资源在图书馆核心能力要素体系中处于中心地位，而特色资源是构成图书馆核心能力的关键，比如地方文献资源，特色学科资源，特色数据库及组织、开发后的特色网络信息资源，等等。

技术因素。科技是创新和知识服务发展的主要引擎和动力。技术是开发和利用知识服务所需资源的一种方式，通过改变和控制分发、使用信息的技术来开发服务。图书馆知识服务所开发的技术主要涉及服务人员的核心业务技能以及信息和网络技术的运用。信息和网络技术从根本上改变了图书馆的面貌，并使图书馆服务无处不在，体现了图书馆的核心功能。

（三）图书馆核心能力的培育路径

高校图书馆是图书馆事业的重要组成部分，是支撑各类学科教育信息化、文献信息网络化的平台，肩负着为企业、为社会培养高素质新型人才的重任，承担着实现院校信息化教学、科研而提供文献信息保障的任务。培育高校图书馆核心能力就是围绕高校图书馆的服务对象的需求，围绕高校图书馆拥有和可以获取的独特资源，着眼于核心能力的三大构成要素，实施图书馆人才发展战略、信息资源特色发展与创新服务战略、“科技兴馆”战略，最终形成高校图书馆独特的核心能力来保障高校的教学和科研任务，使之成为学科人才培养信息保障体系的核心部分。

1. 实施图书馆人才发展战略

通过管理创新，构建开放的图书馆人才管理体系。在人才管理中树立竞争、开放的价值理念，变金字塔层级管理为扁平化管理，使馆员拥有超前的信息意识、超强的信息技能和超前的服务理念，制定个人发展规划，能够担负起电子信息工程师、信息资源管理者、信息资源导航员等多个角色，承担信息咨询、信息分析、研究等各种高级任务。

建立“学科馆员”制度，打造学术人才竞争和激励机制。“学科馆员”的发展包括人力资源的引进和现有人力资源的开发，前者旨在提高学科馆员的数量和结构，是长期的；而后者是现实的，是紧迫的。因此，建立有效的人力资源选拔培训体系是“学科馆员”制度顺利实施的关键，而人力资源的引进则保证了“学科馆员”制度的深入开展。科学的人才激励和竞争机制是“学科馆员”制度实现的重要手段。①

实施专业教育和岗位培训，合理组配馆员，加强部室交流。必须加强对非现役文员的培训，加大培养力度，使他们迅速成长为图书馆业务骨干。强化馆员“读者第一”“个性化服务”等理念，提升专业素养和学科素养，及时向馆员提供最新的图书馆界动态和最新的服务形式，可以经常性开展全员工作“比武”活动，如排架比试、分类比试、计算机比赛等基础业务工作比赛，展示馆员特长，增强竞争意识；制定月度考核、岗位竞争等多种形式的奖惩机制。

高校图书馆按照业务工作流程分成借阅、资源、咨询、技术等几大块，各个部门之间加强知识的共享和交流是非常重要的，合理组配馆员要考虑到学识、技能、年龄、性情、工作需求等多方面因素来促进服务水平的提高，增强馆员对信息检索、分析、整合的技术掌握和对用户信息过程了解的能力，便于开展知识服务。

2. 构建资源特色发展和创新服务战略

首先要重视用户资源，把握用户信息需求。重视用户资源和把握用户信息需求的能力是图书馆的生命线。过去人们一提起资源，总是想到信息资源建设，而忽略了用户资源建设，其实用户在图书馆核心能力要素体系中处于中心地位，用户既是图书馆的服务对象，同时若加以组织和开发亦可变为图书馆的资源，这种资源是图书馆工作的核心。② 要吸引和留住用户，就需要准确掌握用户信息需求并迅速做出反应。用户信息需求包括显性需求和隐性需求。用户需求中的隐性需求很难以常规的方式获得，具体的办法是建立并不断充实和完善用户信息库，重视固定用户的学科领域、专业知识和经验技能等内容的搜集，用户信息数据库可以为信息资源建设

① 王启云．学科馆员琐谈［J］．高校图书馆工作，2019（1）：92-94.

② 于风程．创新用户观以实现图书馆可持续发展［J］．图书馆工作与研究，2017（3）：16-21.

和服务提供线索和依据，具有导向作用。用户信息数据库具备用户统计、查询、分析等功能，为收集和利用用户信息需求提供了系统支持。

其次是构建信息资源特色发展战略。高校图书馆信息资源的特色发展战略主要是依托学科训练信息网，利用统一的高校图书馆信息网络管理系统，加强专业学科建设的支撑能力，重视数字资源的采集与利用，实现信息资源特色化，满足用户需求实时化，形成特色鲜明的文献信息保障体系。其重中之重就是构建具有本校特色的信息资源体系，实现本馆资源的持久生命力。随着“高等院校一个馆”建设的不断展开，建设特色馆藏资源成为高校图书馆自身建设发展的根本要求，特色馆藏建设也是实现高校文献信息资源共享的重要基础。

最后是实施图书馆服务创新战略。高校图书馆服务创新战略是指以全新的图书馆理念创新服务方式、创新服务内容、创新服务手段。积极拓宽服务领域，增强服务的主动性、参与性，大力开展适合任职教育需要、贴近企业、贴近实战的知识服务、个性化服务、参与式服务，从而提高图书馆资源利用的能力。创新图书馆信息服务是图书馆核心能力的最终体现形式。

高校图书馆要努力改变信息服务长期偏弱的局面，以院校教育信息化为契机，在新的起点上，全面开展高校图书馆的信息增值和知识服务，为企业、社会提供信息支撑及信息产品，为教师、学生的学科训练和课程学习提供信息保障，为科研攻关提供知识服务，主要包括定题跟踪、决策情报、信息推送、个性化服务等。

3. 实施“科技兴馆”战略

实施“科技兴馆”战略应掌握现代信息技术，充分利用网络环境，逐步实现信息资源数字化、业务管理自动化、服务保障网络化。全方位提高综合文献信息服务的效率，保障高等教育的发展，为高校培养优质的新型专业人才服务，使科技成为图书馆建设和发展的第一动力。

首先是“依规治馆”形成科学的管理体系。在图书馆建设和发展中，首先要充分做好科学的调查研究、分析论证，多方听取意见；然后依据图书馆科学发展规律，制定一整套图书馆的规章制度，规范我们的决策、管理和所有业务工作，使得图书馆建设过程中的每一阶段、每一环节都离不开有效的组织协调、管理整合。依靠科学的管理体系，可以将各种分散的人力、技术和知识资源有效协调起来，使人尽其才，物尽其用，提高知识服务水平，从而促进图书馆核心竞争力的提升。

其次是构建 RFID 智能图书馆，提高文献信息服务保障效益。RFID 智能图书管理系统运用先进的 RHD 技术，对图书馆的藏书资源、管理模式进行优化与整合，实现图书借阅管理的自动化、智能化，使藏书发挥最大效用，完善并改进图书馆的现行管理运行模式，提升图书馆的核心竞争力，达到读者服务效率最佳化。RFID 技术在图书馆中的应用，将使图书馆管理和服务更加人性化和智能化。高校图书馆要密切跟踪技术的发展，积极构建 RFID 智能图书馆，提高文献信息服务保障效益。①

最后是重视技术创新，推动高校图书馆核心能力的提升。目前，在开展知识服务的过程中，网络环境下的资源组织、获取和数据挖掘的技术，知识点捕捉技术，多种知识组织技术，知识点整合技术等给知识服务核心能力的提升带来了极大的影响。② 从 Web 2.0 技术、数据挖掘技术、推送技术，到利用开放的 GoogleMapsAPIV3、RFID 以及 JAVAMVC 架构设计网络书架导航系统；从 BBS、RSS、3G 技术，到利用 VMware 虚拟化技术整合图书馆服务器；从基于网络的数字图书馆到基于云计算的可视化立体云图书馆。新技术的应用都会给用户以全新的体验，大大拉近用户与图书馆的距离，让图书馆知识交流中心的功能得到加强。人们应当高度重视新技术给图书馆带来的影响和挑战，不断推动高校图书馆核心能力的提升。

四、高校图书馆服务与管理的精细化管理理念

精细化管理是把泰勒的科学管理理论，从生产部门放大到所有业务部

① 辛建平．智能图书管理系统的研究与功能设计［J］．数字技术与应用，2017（2）：175-176.

② 梅新娅，黄轶斓．基于共享的网络化知识组织方法研究［J］．图书馆学刊，2018（4）：123-127+142.

门的一门应用性管理技术。把精细化管理移植到高校图书馆管理上来，构建“纵向到底，横向到边”的精细化管理平台，对于全面提高图书馆建设的质量和效益具有特别重要的意义。在图书馆步入数字化、信息化的今天，图书馆面临的竞争越来越大，读者的要求越来越细化。从表面上看，图书馆竞争主要是人才、环境、形象、服务、水平与质量的竞争，实质上还是管理细节的竞争。谁更注重管理的细节，谁就能在竞争中取得主动权，从而获得成功。图书馆管理是粗放型还是精细型，这是决定图书馆之间水平差异的关键所在，图书馆能否走在前列，关键在于是否有效实施了精细化管理。

（一）图书馆精细化管理的内涵与特征

1. 图书馆精细化管理的内涵

精细化管理是一种起源于发达国家并以常规管理为基础的管理理念，是一种使管理效率和常规管理水平得到彻底、全面提升的管理模式。精细化图书馆管理强调精细化、实践性，从而全面提高信息资源开发水平和信息服务质量。精细化管理是图书馆实现可持续发展的重要工具，是提高图书馆重要性和树立形象的必然选择。一般来说，图书馆精细化管理是指图书馆以院校图书馆工作条例为依据，以提高图书馆管理效率和服务保障效益为目的，运用现代管理模式与支撑手段，对图书馆管理要素实施精确、细微、快捷的规范和控制，以实现管理成本最小化和服务收益最大化为目标的资源配置过程与活动。图书馆精细化管理的重点在于监督和控制，在管理过程中更加重视细节。细节决定成败，图书馆岗位分工越来越细，专业化程度越来越高，读者需求越来越个性化、多元化，必然要求图书馆进行精细化管理，从粗放到精细，这是提升图书馆发展后劲的新平台。①

2. 图书馆精细化管理的特征

图书馆精细化管理的特征主要体现在以下方面：

---

① 刘峰．高校图书馆精细化管理与服务［J］．河南图书馆学刊，2018（10）：55－56.

一是图书馆精细化管理强调数据化。管理数据化并提高数据的精确度是图书馆精细化管理的重要目标。信息资源建设与信息服务的高质量不是粗放的管理模式可以创造出来的，而是要通过图书馆精细化管理来实现的。图书馆精细化管理要求在管理中关注细节、数据，形成周报、月报制度，统计好相关人、财、物等基础数据，对各类统计数据进行科学、全面地分析，重大决策应当有“数字”作为支撑。

二是图书馆精细化管理强调效益优化。图书馆精细化管理要求从学院教学、科研和人才培养整体出发，树立效益观念，优化管理流程。在资源建设上，优化馆藏结构，注重服务效益，避免盲目追求“小而全”“大而全”，将有限的图书经费更多地投入到特色资源的开发和利用上，充分满足学院教学科研的需求。在服务保障上，图书馆内部业务部门之间要建立精密的分工协作机制；图书馆与机关科室、教研室之间要建立精密的反馈机制；图书馆与读者之间的关系要建立精密的纽带机制。在管理流程上，打破习惯思维的束缚，以第一时间满足读者需求、提供高质量服务为目标，把握管理流程的全局，进而关注每一个细节，进行流程再造、系统优化。

三是图书馆精细化管理强调创新性。精细化管理的一系列举措要求制度化、常态化，而现有的制度要依据形势的变化而不断创新。精细化管理的创新性最为核心的要求是制度创新。图书馆制度创新包括行政管理体制创新、用人制度创新、经费管理使用制度创新、信息资源建设模式创新、专业人员培养制度创新、服务模式与体系创新等。制度创新是一个长期、复杂的系统工程，需要在实际的工作中不断加以规范和调整，以适应图书馆不断发展的需要。

（二）图书馆现有管理模式的弊端

1. 缺乏精准而过硬的数据支撑

在资源建设管理上，比如图书复本量的确定、专业期刊种类的增减、海量数据库的订购，大多数情况的采购由管理人员的经验决定，定性居多而定量偏少，很少以数据采集、统计、分析比较得出的结论作为决策依据，容易出现偏差。在学科化服务管理上，对读者、馆员、资源的底数没有彻底摸清，基层走访、读者座谈会、读者问卷调查制度还没有得到很好地落实，读者阅读偏好及阅读关联性数据没有进行挖掘；馆员的性格特点、兴趣爱好、学科专长、信息素养、人际沟通、情商特质、适合何种岗位、擅长哪类工作，这些数据没有统计分析形成管理的基础数据；读者到馆率、学科资源利用率、图书流通率、读者借阅率、馆藏文献引用率、文献拒借率的统计也仅仅浮在表面，未做深入的分析研究，不能很好地为学科化服务做决策支撑。

2. 图书馆资源建设与服务效益下降

在粗放式管理下，图书馆资源建设与服务效益问题已成为图书馆发展的瓶颈。目前普遍存在这样的现象：在图书馆经费以及藏书量大幅增加的情况下，读者到馆人次和借阅量不仅没有相应的增加，反而呈现下降趋势。有的馆舍气势恢宏却门可罗雀；有的馆藏资源采集存在较为严重的重复和遗漏现象；有的只讲究数字资源的总量，而不追求数字资源的质量，停留在低水平重复建设上；有的信息服务方式脱离学科建设的需求，偏离读者的信息需求。不少图书馆因缺乏精细化的效益管理而导致三种奇怪现象的发生：大量有价值的文献闲置与专业文献资源匮乏并存、经费短缺与经费浪费相伴、人浮于事与人才奇缺同步。这些问题如不能及时解决，将严重影响图书馆的形象，影响作为高校建设三大支柱之一的图书馆功能的发挥，也势必影响学科建设和人才培养的进程。

3. 读者工作缺乏活力

长期以来，图书馆“重藏轻用”“以书为本”的管理思想存在于日常管理工作的各个环节，服务管理制度机制不够灵活，服务方式较为滞后。许多规章制度沿用多年，对细节关注不够，精细化不足，操作性不强。图书馆传统服务采用阵地服务，坐等读者上门，服务停留在较浅的水平，不能立足于读者需求，不能有效拓展服务内容，如进行二次文献、三次文献深层加工，整合院校特色资源，建立学科资源导航，推送专题信息，配送教学用书，开展个性化服务以及开展读者信息素质教育培训，等等。对馆员的教育、培训和考评机制没有同步跟进，使得部分工作人员难以适应院校信息化教学改革的需要，学科资源分类模糊、服务理念落后、服务能力欠缺，读者工作难以激发昂扬的活力。

（三）图书馆精细化管理策略

马克思在论述哲学研究目的时有一句经典名言："哲学家们只是用不同的方式解释世界，而问题在于改变世界"，当人们重温这句话时不难得出这样的结论，即人们不能停留在用不同的方式阐释图书馆精细化管理上，最重要的在于人们如何在实践中运用精细化管理来改造和促进图书馆建设。

图书馆在实施精细化管理时，要始终坚持以人为本、依法治馆、执行有力的原则。以人为本就是要在读者服务中倾注人文情愫，弘扬人文精神，尊重人的发展，满足人的需求，实现人的价值。依法治馆就是要"精、细、准、严"地做好两个方面的工作：一是建立健全图书馆内部管理的制度体系；二是要建立和完善图书馆服务对象的制度体系。执行有力就是要保证制度末端落实到位，对整个管理过程进行监控，确保各项管理活动能够遵照制度有力地执行。

1. 精细化制度管理

一是责任制度精细化。责任制按照图书馆职能的总体要求进行细分，建立管理责任制、部门责任制、单一责任制、一票否决制、落后预警制、责任决策制等，将各项工作责任分解落实到各部门、各单位和每位员工，形成责任有落实、有监控、有评估，一级抓一级、一级对一级的层层负责的工作局面。

二是运行制度精细化。根据高校图书馆工作要求，制定具体实施各项业务和服务的规则与程序，并准确执行。量化工作指标，创建程序文档，并使用程序和数字手段将所有工作流程和内容转化为可见、具体和准确的任务，确保工作有序和协调。

三是激励制度精细化。依据院校图书馆工作条例的规定，制定并实施有针对性的、有效的激励机制和方法，建立科学的聘任制、考评制度和方法，充分发挥馆员的作用；通过优胜劣汰机制促使馆员产生危机感、紧迫感，激发其工作热情；及时提供有关岗位知识和技术知识的培训，采取多种方式消除馆员的职业压力。

2. 精细化资源管理

一是信息资源管理精细化。如果不对图书馆信息资源进行精细化管理，数字图书馆的海量资源就永远是一片散沙。信息资源管理精细化的目标就是资源一站式与服务一站式。资源一站式是采用知识组织的形式和手段，例如统一的元数据结构、词表、本体、异构检索等，加强对数据的可控程度，以语义网、本体、可视化等组织资源，从而使资源高度结构化，从根本上解决信息孤岛和平台割据的现象。服务一站式是通过资源的优化整合，为读者提供信息资源的一站式检索平台，该平台将馆藏目录、数据库导航、学术信息发现平台、个性化服务、网络搜索引擎等整合到一个框架系统中，为用户提供一站式、集成化、一步到位的整合检索服务，使读者的各种需求能够“一站式”得到满足。一站式检索服务是图书馆门户和资源整合的创新发展。

二是人力资源管理精细化。人力资源是图书馆中最宝贵的财富之一，图书馆人力资源包括图书馆馆员和读者两大类。实施人力资源精细化管理应当做好以下两个方面：

一方面，深化图书馆内部改革，对人员的聘用、开发、晋升、评价、考核进行科学管理。建立合理的人才流动机制，严把人才入选关，特别是馆员招聘甄选时确立明确的原则、条件和要求；实施绩效管理，按需设岗、竞争上岗、双向选择，不同岗位的要求、职责、待遇不同，采用能力为本原则，在考核上制定科学合理的考评、考核方法；建立规范的培训机制，对工作人员进行合理的职业生涯规划设计；建立民主管理制度，发动员工参与管理，注意接受员工的建议和批评，充分调动馆员的主动性、积极性和创造性。

另一方面，建立读者委员会长期监管机制、专家教授组定期评议机制和信息联络员末梢反馈机制。读者委员会由图书馆的管理人员与比较固定的读者群共同组成，实行会员制，吸取更多层次的读者，参与文献的选购、制度的建设、设备的引进、服务质量的考核工作；专家教授组由各学科带头人组成，定期对图书馆学科资源建设与服务进行评议，充分利用专家教授的学识和才能，为图书馆的建设发展指点迷津，还可聘请为图书馆学科馆员，提高图书馆高层次服务水平；信息联络员由教研室专人组成，图书馆成为联结各教学单位的纽带，图书馆定期组织培训，使其成为教研室、资料室的资料员和读者反馈终端，方便读者对图书馆建设和服务工作提出合理化建议和意见。

3. 精细化服务管理

以先进的服务管理理念实施人性化服务，是基于对读者需求行为的分析研究而确定的以需求为导向的服务定位。精细化服务管理以程序化、标准化、数据采集的方式落实服务工作，用具体明确的量化标准取代笼统的、模糊的、经验性的定性管理模式，将量化标准在各个环节全部打通。

一是开发并不断充实和完善用户信息库。这是图书馆服务管理精细化的基础。重视对院校专家教授、学科学术带头人的学科领域、专业知识和经验技能等内容的搜集，用户信息数据库可以为信息资源建设和服务提供线索和依据，具有导向作用。用户信息数据库具备用户统计、查询、分析等功能，为分析把握用户信息需求提供了系统支持。①

二是积极构建 RFID 智能高效图书馆。RFID 技术在图书馆中的应用，使图书馆管理和服务更加人性化和智能化。RFID 技术给图书馆带来的快速自助借还、馆藏精确管理以及馆藏盘点等功能，使藏书发挥最大效用，使图书馆的服务得到了质的提升，实现了将主动式服务与自助式服务相结合的融合式服务，这在图书馆的服务模式上是一个重大的突破与创新，达到了读者服务效率的最佳化。

三是建设信息共享空间。信息共享空间是一种支持个人和团体学习与研究、技术与服务相结合的新型服务模式，是以用户为中心，集资源、技术、服务于一体的一站式综合空间。其核心是信息生成—信息处理—信息

① 陈孝东．基于 RFID 的高校智能图书馆管理系统的设计［J］．办公室业务，2018（11），168.

检索—信息采集—信息利用—信息创新的一站式服务。信息共享空间战略性地整合了传统的被动和去中心化服务，让用户在学习和研究过程中无缝体验各种去中心化服务，提供共享资源和专家咨询服务。在服务过程中，关注用户的口碑，采用灵活主动的处理方式，与用户建立良好的沟通渠道，积极与用户交朋友，及时了解用户的感受和意见，并提供有关服务质量的反馈和服务有效性的反馈。为了了解用户的真实需求，利用用户的潜在需求，必须努力将服务做在用户需求之前，改进服务方式，提高服务质量。

第二节　高校图书馆服务与管理机制创新

图书馆变革的直接推动力来自移动、泛在网络环境和新技术的运用，加上多种动力机制共同发力，促进了高校图书馆服务创新。高校图书馆作为国家知识创新体系中的重要节点，承担着收集、整理、存储、加工和传播知识信息的枢纽作用。随着图书馆进入以数字化、网络化、智能化为特征的4.0时代①，高校图书馆各方面都面临着变革与创新，其发展趋势表现为资源载体多样化，文献资源信息化，获取信息网络化、共享化，读者需求个性化，服务方式多元化，服务手段智能化，馆员知识全面化，馆藏时空无限化，功能扩展高效化，这些发展趋势标志着高校图书馆全面进入新的信息生态圈。② 面对数字化、网络化、智能化的时代大潮，必须创新图书馆服务机制来全面提高图书馆服务水平。服务本质上是过程，服务创新是将知识和思想转化为新的或改进的产品和服务、改进的效率和有效性的提高，或者运营和服务方法的改进。服务创新具有无形性、新颖性、原

① 作者注：1.0时代书写文字时代，2.0时代印刷文字时代，3.0时代多媒体时代。

② 计国君．全面提升高校图书馆信息服务水平的创新体系［J］．大学图书馆学报，2003（4）：2-5.

创性、形式多样、用户导向等特点，尤其是图书馆服务创新具有强烈的“用户导向”性，用户需求具有动态性、多元化、高效性、即时性、情境敏感性等特点，用户需求的日益增加对图书馆服务创新的需求也不断增加。①

一、高校图书馆服务与管理顶层设计机制

（一）高校图书馆服务与管理顶层设计的概念

顶层设计的概念来源于系统工程。在工程中，顶层设计是指对工程设计、制造、应用进行系统的考虑，使整个工程能够清晰、具体地运行。到20世纪40年代，顶层设计逐渐被西方国家应用于社会经济领域，成为各国政府协调政策、制定发展战略的重要思路。这种顶层设计思维方法是指根据整体的概念和视角，调整各个要素、各个层次之间的关系，以实现系统协调运行的一种思维方式。顶层设计强调整体概念和系统思考，既有长远的统筹考虑，又有系统的布局，提倡统筹兼顾、科学发展。

高校图书馆服务与管理机制创新是一个复杂的系统。服务创新理论与技术在高校图书馆中应用的先决条件是制定完善、科学、合理的图书馆服务创新顶层设计。这种服务创新顶层设计是根据高校图书馆生存与发展的突出问题为指引，立足图书馆资源、服务、管理的现有条件，利用其资源与服务优势，从全局与整体出发展开高校图书馆服务创新总体架构设计。高校图书馆服务与管理顶层设计同样应当具备科学性、全局性、可靠性和可操作性，当然图书馆服务与管理创新顶层设计也是一个不断完善和优化的过程，高校图书馆服务与管理创新顶层设计的根本问题中重要的一项就是怎样将顶层设计方案贯彻落实到具体的实施与推广工作中去。

（二）高校图书馆服务与管理顶层设计框架

高校图书馆服务与管理创新顶层设计框架是指图书馆服务创新顶层设

① 袁静．移动网络环境下高校图书馆服务创新：基于用户知识管理视角的分析［J］．情报理论与实践，2014（5）：41-45.

计必须兼顾全局的关键因素和各影响因素之间的相互关系。从顶层设计总体规划来看，图书馆服务与管理创新是在设计总体布局的引导和协调下，具有科学整合的特色和保障体系，是图书馆服务与管理支撑的系统性创新，以及这些体系间相互协作创新的成果集合。

高校图书馆服务与管理创新顶层设计框架由总体布局、功能体系与保障体系三部分组成。总体布局规定了图书馆服务创新的服务目标、服务愿景、服务模式和总体部署。总体布局是指从图书馆角度看创新需要解决的三个关键问题：一是图书馆的服务目标定位是什么；二是怎样建设一个优质高效的服务创新体系；三是构建的总体思路是否与图书馆服务发展趋势和方向相一致，以及是否实现了“以用户为中心”。功能体系主要是由资源服务、资源环境、信息建设、基础设施与应用集成五个层面组成，彼此之间的协同互联使其成为图书馆服务与管理创新赖以生存和发展的核心体系。图书馆服务创新保障体系可以细分为标准规范保障体系、政策法律保障体系、信息安全与隐私保护保障体系、服务运营保障体系等多个子体系，从而保证图书馆服务创新功能体系的有效运转，确保图书馆服务创新总体布局的顺利实现。①

1. 高校图书馆服务创新及定位

建设什么样的高校图书馆，其实是一个创新方向的问题。首先要考虑学校定位的问题，再决定图书馆的服务定位是为基础服务、学术服务还是研究型服务。所有成功的图书馆都会在这些问题上做出战略决策。高层次图书馆总是具有高级内涵，需要有自己的优势和特点。王国维先生在《人间词话》中写道：“词以境界为最上。有境界，则自成高格，自有名句。”在创新图书馆服务方面也需要有境界，有境界才能设定高规格。因此，重要的是根据自己的标准寻找比较优势，强调图书馆的独特性，选择图书馆建设的主要方向。香港科技高校图书馆成立于 1992 年，短短 30 年时间，已成长为香港乃

① 张兴旺，李晨晖．“互联网+图书馆”顶层设计相关问题研究［J］．图书与情报，2015（5）：33-40.

至亚洲颇具影响力的高校图书馆。服务创新需要明确顶层设计（包括定位和规划研究）；在人力和文献资源管理和服务理念上不断创新；不断提高图书馆服务水平；要开展满足学科建设的知识管理与知识服务；要建设高素质的学科馆员队伍；要不断跟踪信息技术的发展和应用。正如斯坦福高校图书馆馆长所说：图书馆是实体加虚拟的馆藏，以及实体加虚拟的服务，而且会在很长时间内维持这种状态，它的服务不仅是提供一个实体场所，而且是一所学校的文化遗产库。一个高水平的高校图书馆需要具备以下条件：其一，有适合学校学科专业要求的文献和信息资源；其二，有高素质、高资历的学科馆员，且40%以上的馆员为研究生以上学历；其三，有最新的网络化、智能化的信息服务方式和模式，对该地区影响重大；其四，每年图书经费占学校总投资经费的10%左右；其五，与图书馆业务有关的科学研究与技术开发项目排在区域前列；其六，在区域内图书馆有影响力馆员数量在5人以上；其七，开放社会化运作，资源采购现代化、全球化，开放服务目标社会化等；其八，已成为学校的科学和文化遗产存储库。①

2. 以用户为中心的高校图书馆服务范式

高校图书馆服务创新不仅充分体现了管理和服务技术的“4.0”，更体现了知识服务理念、“以用户为中心”的理念，以及思维、模式和创新上的“4.0”。“以用户为中心”的图书馆服务理念促进了管理和服务，其中，创新是重中之重。创新是图书馆服务永恒的主题。用户是图书馆服务的基础，是服务创新的最终用户，无论时代如何变迁，图书馆的核心价值都是以用户为中心的服务，在国外被称为“以用户为中心的革命”。只有树立和贯彻以用户为中心的服务理念，图书馆才能顺应时代、适应瞬息万变的新形势，进一步扩大和深化图书馆的社会价值。从图书馆中心化到用户中心化是图书馆转化的关键，以用户为中心是图书馆的立馆之本、发展之基。

---

① 计国君．全面提升高校图书馆信息服务水平的创新体系［J］．大学图书馆学报，2003（4）：2-5.

以用户为中心的基本原则主要体现在两个方面：

第一，“用户第一”的原则。对于图书馆而言，其服务对象是所有的用户，用户既包括到馆的读者，也包括网上接受图书馆服务的用户，同时包括参与和支持图书馆所有活动的其他群体。高校图书馆服务价值的体现之一便是吸引众多的用户，有用户的需求，才能谈服务、才能有创新。因此，“用户第一”的理念应深植图书馆服务与管理中，一切服务和管理都围绕用户的需求而展开；高校图书馆应树立“泛在用户”的新理念，要善于挖掘用户、发现用户，只要对高校图书馆及其服务有需求，都可纳入用户范畴，都可作为图书馆的服务对象，使用户无时不在、无处不在。

第二，“服务至上”的原则。服务用户是高校图书馆的一项基本任务，包括传统服务和各种创新服务。图书馆一切工作的出发点和目标是调查和分析用户的需求，并提供与其需求相关的服务。图书馆需要树立“泛在服务”的新理念，千方百计为用户提供多种服务模式，充分满足用户对文献、知识、信息和智慧的需求。

提高用户体验的满意度和舒适度是高校图书馆服务“以用户为中心”的核心内容。要使用户愉快地体验图书馆服务，图书馆要深入用户群体，了解用户的实时需求和意向需求。图书馆以往收集用户需求信息的方式都很单一，比如举办用户研讨会、在网站设置意见箱、发放用户调查问卷等，询问用户关于自己、资源的问题以及关于服务的评论。信息时代提供了更多种类的新方法来满足用户的需求。同时，馆员以最快的速度融入用户的虚拟社区，嵌入用户信息使用的全过程，利用新的社交媒体技术，如微信、朋友圈、QQ 群等与用户保持密切联系，随时随地了解他们的需求，并从他们的日常行为中分析他们的真实需求和潜在需求。①

二、高校图书馆知识管理机制

知识管理是图书馆服务创新的基石，正在成为图书馆服务创新的关键

① 初景利，秦小燕．从“地心说”到“日心说”——从以图书馆为中心到以用户为中心的转型变革［J］．图书情报工作，2018（13）：5-10.

因素。高校图书馆的知识管理是一个持续的过程，包括知识获取、知识分析、知识交流与使用、知识反馈与评价等诸多过程。了解用户需求，用户习惯、偏好，用户行为特征、模式的规律和趋势，对于图书馆开发移动嵌入式服务、跨界协同服务、全流程服务等新型服务很有意义。因此，高校图书馆对内外部环境变化的新形势和新趋势十分敏感，需要创新知识管理服务体系，不断为图书馆发展注入新活力。[①]

（一）高校图书馆知识管理与知识服务

图书馆知识管理与知识服务有两个理论来源：一是 1988 年德鲁克提出的知识社会、知识企业和知识管理理论；二是 1990 年美国管理学家达文波特提出的重组工程理论。这两个理论当时均引起轰动，不仅对全球企业界是革命性的理论，而且对图书馆界同样是革命性的理论。就高校图书馆而言，传统图书馆的内部业务机构设置已经不适应发展，逐步被淘汰，取而代之的是一些围绕知识管理与知识服务而产生的新部门，如学科服务部、参考咨询部、资源与技术服务部等。从目前高校图书馆发展趋势看，还涉及馆员岗位设置、专业人才集成、服务创新模式等配套体制机制的建立，其目的就是要通过机构重组、机制创新激发图书馆服务创新和管理创新。机构的重组带来了效率的提高，带来了服务职能的彻底改变，这也是图书馆界的一场知识管理与知识重组的革命性变革。

1. 高校图书馆知识管理的职能

高校图书馆知识管理应用德鲁克的知识管理理论和方法，合理配置和使用各种图书馆资源，优化图书馆设施，全过程、全方位为用户响应不断变化的信息和知识需求。图书馆知识管理的管理对象是图书馆知识信息与知识资源、人力资源、用户资源、设施设备资源、技术资源与网络资源等六大要素。传统的高校图书馆管理有六大基本职能：决策、计划、组织、领导、协调和控制。图书馆知识管理的主要职能体现为知识外化、知识内

① 袁静．移动网络环境下高校图书馆服务创新：基于用户知识管理视角的分析[J]．情报理论与实践，2014（5）：41-45.

化、知识转移、知识共享、知识学习和知识认知。

知识外化是指以外部贮藏库的形式捕获信息，系统组织后转化为知识，并根据知识分类框架体系或元数据标准来组织它们。

知识内化是指在知识外化的基础上，将用户需求与外部资源库进行匹配、清洗、过滤，从而发现与特定需求相关的知识结构。在内化过程中，从外部数据库里提取知识重新布局或重新显示，通过信息处理来发现与用户相关的信息内容或知识。

知识中介是指把与某一研究领域相关的作者和知识联系起来，通过社群、局域网、工作站和文件网络管理系统进行知识确认、知识匹配和知识传递。图书馆的中介作用在知识管理过程中愈加突显。

知识共享是指图书馆帮助用户从知识库中发现对自己有用的知识，能够从中获得启发和智慧，获得解决问题的思路和方案。

知识学习是指帮助组织和个人解决与学习相关的各种问题，包括学习的目的、内容、方式与效果评价等，涉及知识的收集、整理、储存、共享、重组、创新，从而激励员工不断学习与更新知识，使图书馆成为一个学习型组织。

知识认知是指在知识外化、知识内化、知识中介和知识共享的基础上进行知识创造的过程，即知识创新的过程。这是图书馆知识管理职能的最高境界，是图书馆知识服务与知识组织的目的和归宿。

2. 知识管理对高校图书馆服务创新的影响

高校图书馆知识管理对图书馆服务创新的影响主要包括两部分内容：

一是理论指导作用。知识管理作为一套理论与方法，对图书馆服务的创新影响，首先体现在用知识管理思想来指导图书馆服务实践。在服务策略上注重用户信息反馈与分析，坚持“以用户为中心”的服务取向，建立专业信息资源指引库；增值知识服务；开展定期推送服务；基于关联知识的数字图书馆创新服务。①

---

① 刘佳. 数字图书馆知识服务能力评价研究［D］. 吉林大学，2010.

二是服务全面提升作用。图书馆由信息服务提升为知识服务是一次质的飞跃。知识服务是以信息知识的搜寻、组织、分析、重组的知识和能力为基础，根据用户的问题和环境，融入用户解决问题的过程之中，提供能够有效支持知识应用和知识创新的服务。①

知识管理是知识经济时代图书馆管理的要求。在知识经济时代，知识取代自然资源成为推动社会发展进步的主要资源，资源管理不再是人力资源、资本和自然资源的合理配置与高效利用，对信息和知识的收集、组织、挖掘、创新，以及将隐性知识转化为显性知识，提供知识共享和知识创新服务已成为图书馆资源管理中的一个重要问题。②

3. 图书馆知识创新

知识创新是知识管理的核心，通过知识管理来实现知识的创新。目前，国外图书馆界对知识创新有三种看法。首先，图书馆利用知识管理来优化和创新组织结构。这种观点认为知识管理是更新、存储、共享和重新组织知识，将组织内员工的知识资产转化为竞争力，帮助组织实现既定目标的能力，创造新的价值。其次，认为隐性知识显性转化是一种知识创新的标志。图书馆馆员需要在知识管理环境中工作，以技能和能力的形式获取、管理和使用非正式的隐性知识。最后，图书馆应利用科技，关注知识研发和知识库的创建，提供数字信息资源服务、远程网络访问服务、不间断地参考咨询服务等新服务。

（二）图书馆智库知识管理模式

智库知识管理模式，简称智库，是一个稳定的、相对独立的政策研究机构。智库的本质是信息处理和知识组织，其目的是提供高质量的知识和创新产品。知识管理和知识服务是智库的核心能力。智库采用知识管理模式，鼓励智库成员在与政府、企业和公众密切合作的决策问题上产生新思

---

① 伍革新．基于关联数据的数字图书馆资源聚合与服务研究［D］．华中师范大学，2013.

② 张敏勤．图书馆知识管理系统的构建［J］．图书馆建设，2004（5）：20-23.

想、新理念、新思维，提供见解和建议。智库以问题为导向，通过知识的保存、共享、学习和创新，创造新的知识。新知识是智库建言和解决问题的基础，是智库价值的体现。

在智库中，知识存储是知识交流的基础，主要涉及标准化格式的资源采购和存储。知识共享是知识学习的前提，智库成员使用共享平台，无障碍、平等地分享和交流知识，这是知识获取的前提，知识获取是知识创新的路径，多样化的学习方式和方法可以促进知识的整合和升华，知识创新是反映知识管理目的的新知识。智库不断增加知识总量，提高知识质量，增加知识总价值。智库利用信息资源、技术平台、环境空间和创新成果四个核心要素来促进知识管理，促进成员之间的知识创新，对新产生的知识和理论提出建议，并用于解决问题。图书馆也可以依托这四大核心要素，构建知识创新服务框架，促进用户知识创新，赋能服务转型。[①]

三、高校图书馆服务与管理的评价和反馈机制

创新服务评价是以创新服务的持续改进和完善、创新服务的生存和发展为目的，采用科学、高效的评价指标和适宜的评价方法的创新体系。优质高效的图书馆创新服务能发现并满足用户需求，从而达到发展目标。对创新服务质量进行科学、客观的评估，有助于了解图书馆创新服务的现状和发展，有助于建立和完善创新服务的激励约束机制，提高高校图书馆管理水平和综合竞争力。根据评价原则和创新服务的特点，评价过程可分为准备、实施和总结三个阶段。

（一）高校图书馆服务与管理的评价方案制定

高校图书馆创新服务评价是一个复杂的过程，首先要做好充足的准备，成立评价工作小组、制定评价方案、控制评价过程的实施。进行科学、高效的评价的首要条件是做好评价方案制定工作。一个好的方案，就是成功的一

① 陶丽，顾烨青．基于智库知识管理模式的图书馆知识创新服务框架研究［J］．图书情报导刊，2018（10）：45-52.

半。评价方案内容包括评价主体、评价内容、评价方法、评价进度安排等。

1. 图书馆服务与管理的评价主体

评价主体是指具备一定评价知识技能、主导评价活动的人与团体。高校图书馆服务评价主体具有广泛性，可以是所有的教职员工，所有的学生，包括机关、各教学单位；可以是学科馆员自评、学科馆员团队互评，也可以是读者测评，机关或图书馆组织考评。服务效能的评价应以用户为中心，把“用户满意度”的数据作为基础，客观、真实地反映服务水平。

2. 图书馆服务与管理的评价内容

创新服务考核内容一般应包括五个方面：一是资源建设。提供创新服务必须依靠完善的信息资源体系和畅通的信息资源提供渠道。二是图书馆馆员。基于馆员评价的学科服务核心可以从馆员自身素质、服务能力、服务态度和服务效果四个方面进行评价。三是服务内容。对高校数字图书馆的知识服务能力、知识服务能力的形成机制、知识服务能力的构成和结构、知识服务能力的影响因素进行分析和探讨，构建知识服务评价指标体系的能力和使用指标体系评估知识服务的能力。四是服务方式。服务方式是专业图书馆馆员提供学科相关服务的方法、手段和工具，良好的服务方式不仅能让用户更容易接受服务，还能提高工作效率，实现协同效应。五是服务效果。服务效果是创新服务的终极表现形式，服务有效性的评估主要包括及时性、准确性、完整性、权威性和指导性等几个方面。

3. 图书馆服务与管理的评价方法

创新服务的评价方法主要有以下四种：

第一，全视角考核法。它是一种从不同层次的员工那里收集评估信息，进行全面的绩效评估，并从多个角度向员工提供反馈的一种方式。

第二，层次分析法。层次分析法是一种进行量化决策的简单、灵活和实用的方法。运用此方法需要做好以下工作：一是将复杂的问题简单化，确定要调查的主要因素；二是分析不同因素之间的关系，构建有序的层次结构模型；三是比较同级各因素的相对重要性，并进行配对比较，建立评价矩阵；四是从评价矩阵中计算出各配对比较因子的相对权重，并进行一致性检验；五是对系统和级别进行总体排名。

第三，模糊综合评价法。模糊综合评价法是在模糊教学的基础上，对一些界限不明确和难以量化的因素进行量化综合评价，可分为单级模糊综合评价和多级模糊综合评价。

第四，平衡计分卡。平衡计分卡是哈佛商学院的卡普兰和诺朗诺顿研究所所长在20世纪90年代初期推出的“未来组织绩效测量方法”评价体系。平衡计分卡是一种广泛用于企业的绩效评估工具，它的思路是可以借鉴的。

（二）高校图书馆服务与管理的评价的组织实施

创新服务评价的组织实施工作有两个步骤：一是设计评价指标；二是收集原始数据。对评价指标体系的设计是评价实施的起点，从学科化服务资源建设、学科化服务内容、学科化服务特点、学科馆员及学科化服务效果等几个方面抽取评价指标构成比较全面的评价指标体系。借鉴国内外对图书馆服务评价的方法，收集相关原始数据，通过对图书馆评价、对学科馆员评价、对参考咨询评价等指标的打分，完成对图书馆创新服务的评价。

（三）高校图书馆服务与管理的评价反馈机制

创新服务评价的目的不只是评出分数和名次，更重要的是引导和鼓励被评价对象向正确的方向和目标发展。

1. 图书馆服务与管理的评价反馈内容

图书馆服务与管理的评价反馈内容包括以下几个方面：一是通报当前评价结果。通过报告评估结果，图书馆服务团队可以明确他们的表现并激励他们改善现状。二是分析差距，明确改进措施。服务评估的目的是通过提高每位图书馆馆员的绩效水平来提高整体服务水平，补救措施的可行性和指导性取决于绩效差距分析的准确性。三是协商沟通下一个绩效考核周期的任务和目标。在确定绩效指标时，需要关注关键绩效指标的内容，同时考虑学科化服务团队内外部环境的变化。四是决定与任务目的相对应的资源分配。更重要的是，评估应侧重于未来的绩效周期。①

① 赵洪林．图书馆学科化服务评价与反馈机制［J］图书馆学刊，2013（3）：84-87.

2. 图书馆服务与管理的评价反馈方式

一是建立用户反馈和服务监测评价机制。图书馆在开展服务时，要注意收集用户借阅、咨询记录、知识库使用等相关内容，了解用户的阅读倾向，通过大数据挖掘用户行为中隐含的知识信息。同时，图书馆要定期开展绩效考核，排查创新服务中出现的问题，及时将情况公之于众。图书馆需为读者搭建多元化表达需求的平台，通过网络、意见箱、调查问卷、电话、基层走访、座谈会等形式，让他们充分自由地表达各自的需求。在此基础上，对调查、收集、整理产生的反馈信息进行分析并采取措施，以提高服务质量、改善服务关系，从而建立起完善的用户评价反馈机制。

二是加大对用户的告知和信息共享力度。图书馆作为服务机构，既保障了用户的信息权利，又加强了与读者的交流，在一定程度上强化了图书馆的外部形象。图书馆应成立宣传推广部门，根据图书馆当前和未来的服务运营情况，基于网络平台等宣传渠道，制定长期的宣传策划和短期的活动策划，打造服务品牌，提升创新服务工作的社会影响力。宣传推广需要确保读者了解当前图书馆的新改造、书架上新情况、阅读活动、提供的服务和创造性成果等。

第三节　高校图书馆服务与管理内容创新

一、高校图书馆泛在化服务创新

泛在图书馆是全新的图书馆理念。“泛在”，顾名思义，意思是它很普遍，总是存在。“泛在化服务”要求图书馆从“被动”转向“主动”，以便更好地为读者服务。数字图书馆打破对实体图书馆用户提供服务的限制，将图书馆服务扩展到图书馆的围墙之外，让“任何用户”“随时”使用图书馆内的“任何服务”。图书馆服务的泛在性体现在服务范围和服务对象的泛在，服务内容和功能的泛在，服务场所和服务空间的泛在，服务设备和服务机制的泛在。在实践中，图书馆服务除了传统的图书馆服务外，还有广泛的需求和无限的发展空间，只有将图书馆的服务融入用户的场景和社区中，图书馆更强大的功能才能得到体现，发展潜力无穷。①

以用户为中心的泛在化服务包括以下两种模式：

一是整合网络服务模式。图书馆运用新的服务理念与现代化智能技术，最终目的是为了建立智能化图书馆。网络服务的整合方法就是知识资源数字化、服务流程规模化、服务模式智能化。图书馆除了搭建门户网站，辅助电脑和移动设备登录，为用户提供智能平台服务外，建立一个整合微博、论坛、QQ 群、微信群等社交网络的空间，也是必备的，满足用户进行充分的沟通和互动的需求。在社交集成领域，图书馆可以提供图书馆推荐和支持、展示信息、活动通知、书目推荐、技术知识讨论、情感互动、服务预订和定制等服务。图书馆可以鼓励用户组织自己的社交空间，增强社交网络整合空间的交流环境。图书馆可以根据用户意愿建立个人图书馆，针对用户不同的兴趣爱好、目的需求、使用习惯等开展个性化服务来满足用户需求，在用户注册了账号以后为用户提供信息收藏、信息分享、标签定制、下载管理等功能，让用户运用自己的方法建立个人图书馆，实现个性化管理。

二是整合拓展服务模式。拓展服务模式将基于用户的基本泛在服务需求的未来服务扩展与图书馆运营和进一步发展相结合。例如，当今比较常见的三种高级服务是图书馆联盟服务、社会组织协作服务和政府信息公开服务。目前，国家科技图书文献中心、中国国家图书馆、中国数字图书馆等已形成图书馆联盟。这些图书馆使用云技术将书籍和资料结合起来，用户只需要在联盟图书馆之一注册，就可以使用整个联盟图书馆的资源。社会机构合作服务则是图书馆与其他社会机构的合作、知识资源的交流和用户的联合服务。

① 初景利，吴冬曼．论图书馆服务的泛在化——以用户为中心重构图书馆服务模式［J］．图书馆建设，2008（4）：62-65.

二、高校图书馆学科服务创新

相对于传统的参考咨询，学科服务是开创性的、积极参与的创新服务。相对于传统的图书馆基础信息和文献咨询服务，学科服务是满足教育和研究中的用户需求，图书馆实现从信息提供者到科研参与者的转变，这是以用户为中心的新的服务机制，辅助大学教育和科学研究工作。在高校“双一流”建设背景下，图书馆学科服务的不断创新代表着绩效转型的重要趋势。完善学科服务体系结构是学科服务可持续发展的根本保障。“双一流”关系到世界一流大学和一流学科的建设，是国家继“211 工程”“985 工程”之后的重大战略决策。随着国家“双一流”战略全面实施而强化图书馆学科化服务，积极配合高校一流课程建设，成为实现跨越式发展的重要途径。[①]

图书馆学科服务需要加强业务重组规划设计，构建真正以用户为中心的服务模式和管理规划机制，重构适应数字环境的新型学科服务范式。学科服务的创新模式包括以下几种：

（一）“学科馆员+团队首席+研究团队”模式

“学科馆员+团队首席+研究团队”模式主要由学科服务带头人根据现有信息资源对学科馆员进行指导，掌控学科服务的进度和质量，确保学科服务的有效性。“学科馆员+团队首席+研究团队”模式的主要优势如下：

一是提高学科知识服务的专业性和精准度；

二是促进学科知识服务的高效化；

三是提高学科知识服务的可拓展性。

（二）“微信+信息平台”模式

相对完备的“微信+信息平台”模式，需要开发和使用五个服务模块，即信息推送服务、参考咨询、表单处理、MOOC 学习、兴趣小组学习。信

① 沈洋，李春鸣，覃晓龙．融入“双一流”战略的高校图书馆学科服务体系建构研究［J］．现代情报，2018（10）：121-125.

息推送服务负责为读者提供优质的专业信息来源，参考咨询主要负责解答读者日常咨询问题，表单处理则是负责处理读者在线服务请求、空间服务、预订请求等，MOOC 学习为读者获取相关知识提供独立的学习方式，兴趣小组学习可以建立读者之间的交流渠道。它充分利用了智能手机上的信息传输功能，实现了主题服务的可视化，避免了知识价值的丢失，具有强大的创新性和实用性。借助网络信息平台和微信收集信息的方式，教师和科研人员可以从学科服务中获取实时信息资源，了解学科最新动态，改变教育信息吸收的被动状态，获取信息更加主动，且增加了互动性，交互作用在信息传递中起到了有效的中介作用。从技术支持的角度来看，微信聊天、朋友圈等各种推送服务，以及当今流行的 MOOC，都可以为学科服务提供强有力的技术支持和保障。①

“微信+信息平台”服务模式的优势很多，主要有以下几点：

1. 加快知识服务资源传播速度

微信和网络信息平台的通讯方式克服了传统通讯方式的不便，它具有便捷性、及时性、发散性和相关性等特点，使教研人员可以快速掌握动态内容和专题研究相关的海量资源，自动整合和推送专题资源，并根据读者需求进行分类，以专题库的形式展示出来，实时更新，及时推送，为教研人员提供学科资源知识增值服务。

2. 提高知识服务资源建设质量

此模式有效地提高了资源的整合、共享、服务和反馈的效率，同时实现信息资源的合理配置，能够及时地满足信息的收集与需求反馈，将无序的信息资源在平台集合后，对其进行梳理归整，构建知识树，以可视化的方式呈现给科研人员，图书馆的资源比网络资源更具可靠性，这就确保了稳定的、优质的学科知识信息来源。学科知识服务的有效分类系统、手机等移动终端的推送，可以为教研人员提供最对口、最便捷的学科知识学习途径。

---

① 杜辉，刘晓，袁百成．基于微信公众平台的高校图书馆学科服务创新［J］．图书情报，2015（6）：41-45.

3. 学科知识服务手段和方式的有效补充

该服务模式可以便捷、有效地实现信息的实时推送。一方面以主题文献馆、期刊阅览室、学科文献馆、原版文献馆等形式，聚类整合、自动推送所需资源，能让教研人员清楚了解和总体把握与自己研究有关的内容，并结合研究需要构建权威性信息知识库，全方位、动态化的展示本学科的数字资源；另一方面，可以专注于特定主题，深度挖掘，整合海量资源，按需定制，按需分类，以专题的形式自动推送和发布。学科资源实时更新推送，为学科提供全面、系统的知识资源和信息参考，有效补充学科知识服务的手段和方法。

（三）“知识社区+专题信息”模式

知识社区是以图书馆信息资源为基础，利用最先进的计算机网络技术进行知识挖掘和交流，将真实的资源载体与虚拟的数据模型相结合，是一种新型的创意学术社区。学科知识服务的基础是用户信息环境的构建和优化。在“知识社区+专题信息”模式下，学科馆员可以引导教育科研人员就科学课题进行交流，教育科研用户可以融入知识社区，赋能学科知识服务，达到更高层次，覆盖全领域。“知识社区+专题信息”模式的主要优势在于：

一是创新信息资源服务机制；

二是有助于对接并丰富知识服务内容；

三是学科化服务深入挖掘的有效手段。

（四）嵌入式学科服务模式

杜威在 2005 年发表的一篇文章中引入了“嵌入式图书馆员”的概念，他说图书馆馆员在通过持续合作、在推动大学发展战略方面发挥着核心作用。通过纳入尽可能多的领域，图书馆馆员、馆藏和服务可以进一步融入校园生活的方方面面。嵌入式学科馆员是图书馆服务最成功的营销工具。随着信息资源的指数级增长和信息技术的飞速发展，用户的需求变得更加多样化，早期分散的学科服务方式已经逐渐不再满足用户的需求，学科馆员也无法单纯靠自己的力量为用户提供完整和高质量的服务。

近年来，一些图书馆开始根据图书馆服务状况，重点建设有针对性的服务团队，改变以往分散的管理模式，开始建立专业化的工作组织。研究表明，美国图书馆一直都在引入联合化学科服务。除了专业学科馆员的基本形式外，许多大学还引入了几种协同化学科服务模式。南开大学图书馆建立了人文、社会科学、数学、工程和生物化学五个学科服务团队，所有成员都是具有专业背景的、兼职的特殊图书馆馆员。上海交通大学图书馆设有工学、理学、文学三个学科服务部门，每个部门由专业学科馆员牵头，组成一个服务团队，向学校院系提供学科化服务。

嵌入式学科服务承担决策支持服务、科研支撑服务、教学支持服务三位一体的学科建设职责内容。①

三、高校图书馆空间服务创新

自 20 世纪 80 年代后期以来，中国和世界许多城市涌现出不少新的图书馆建筑，由于其独特的空间设计，这些建筑已成为极具吸引力的城市文化地标，彰显着其中蕴含的美感和建筑文化。图书馆长期以来一直是广大读者的精神家园和公共空间，经过 30 多年的发展历程，大都市图书馆的室内设计体现了其与城市文化深度融合的特点，体现了文化地标、文化展示和读者文化记忆的发展趋势，表达出以人为本和绿色生态的设计理念，呈现出都市图书馆、城市教室、城市休闲场所的多样化和面向未来的特征，呈现出公共空间多功能特征。这些公共空间的发展特点和趋势为全球大都市图书馆的发展提供了全新的视野和全新的平台，激发了现代中国图书馆阅读服务的新理念和发展思路，体现了图书馆与世界融合的发展趋势。②

空间再造是图书馆在互联网时代重组和改造空间服务功能的重要措施。图书馆改造现有阅览室和服务室，融入新技术和新理念，推出新的服

---

① 孙波，刘万国，谢亚南等．“双一流”背景下面向 PI 的高校图书馆嵌入式学科服务探索——以东北师范大学为例［J］．图书情报工作，2019（4）：54-60.

② 王世伟．全球大都市图书馆空间设计的发展特点与读者服务［J］．图书馆建设，2019（1）：67-74.

务项目，打造“第三空间”“信息共享空间”“学习共享空间”“研究共享空间”“知识共享空间”“创客空间”，旨在吸引读者，为公众提供更深入、更全面的服务，体现图书馆信息文化服务中心的作用。①

四、高校图书馆延伸服务创新

图书馆创新服务日益呈现出广普化趋势，集中体现在延伸服务模式上。图书馆拓展服务是指超越图书馆围墙的界限，依靠独特的优势、馆藏资源、先进的信息技术等，扩大服务范围和服务领域，使其为民众提供的服务更加多样化、个性化。

当前，在信息技术环境急剧变化的时代，图书馆越来越难以通过传统的服务模式满足多样化的信息需求。鉴于以用户为中心的服务理念已经深入人心，图书馆延伸服务已经是一种必然要求，图书馆也必然要与时俱进。延伸服务是利用最新的信息技术，创新服务机制，扩大服务范围，完善服务功能，使图书馆不断拓展服务对象，扩大服务范围，不断扩展多层次、个性化的用户信息服务。

（一）高校图书馆延伸服务的内涵

有学者将高校图书馆延伸服务的内涵分为七个部分，分别为延伸服务的主体、对象、内容、方式、手段、时间及空间。延伸服务主体为高校图书馆及其联盟；延伸服务对象即为读者或用户，包括馆内、馆外读者和网络读者；延伸服务的内容包括图书馆拥有的相关文献信息资源，以及学科延伸服务、资源延伸服务、个人用户延伸服务；延伸服务的方式主要包括网络化延伸服务和实体化延伸服务，网络化延伸服务表现为对研究文献的检索和参考，实体化延伸服务主要表现为借用相关文献典籍；延伸服务的手段主要包括网络平台、自动化设备和人工服务；延伸服务时间一般是指非正常开放时间，就图书馆而言，延伸服务实践指的是延长图书馆开放时

① 罗晓兰，李明．技术革新与图书馆读者空间利用的演变进程［J］．中华医学图书情报杂志，2016（12）：40-46+52.

间，这是图书馆开展延伸服务的关键途径之一；延伸服务空间指的是从图书馆以往提供的自习室、实验室、讨论室等，拓展为各种工作场景、宿舍以及互联网虚拟室。这七个部分基本涵盖了当前研究的相关领域和方面，但后期由于国内外研究的不断发展以及社会和读者需求的不断提高，可能需要进行更详细的细分和说明。①

（二）高校图书馆延伸服务的内容

目前国内图书馆的延伸服务举措主要包括时间、空间及内容三个方面。

1. 服务时间的延伸

服务时间的延伸是指在图书馆基本服务时间的基础上，通过各种方式延长服务时间。大多数学者认为延长时间有两个方面：一是延长营业时间，24 小时营业是最大极限；二是通过在线平台，延长用户营业时间，提供 24 小时全方位的在线信息检索和下载服务。现在随着自助借还书机的出现，一二线城市和部分三线城市已实现了全天候借还书，不仅节省了人力物力，还提高了图书馆的工作效率。国内很多图书馆都有 24 小时自助借阅和还书设施。图书馆缩短读者获取服务的时间，这从一定意义上说也是一种延伸服务。

2. 服务空间的延伸

通过扩大服务区域，图书馆将为馆外读者提供各种知识服务，例如普通图书馆系统和分馆系统、移动图书车等。

一是建立公共图书馆的总分馆制。以市图书馆为核心，以区、县、乡、社区、村图书馆为分馆，构建城乡图书馆综合网络，实现图书馆资源的合理配置。区域图书馆联盟不断涌现，大学、学术研究和公共系统的图书馆之间的合作日益广泛，不同类型的图书馆之间的合作进一步加强，有利于扩大服务的广度和深度。

---

① 张伟庆．国内外高校图书馆延伸服务研究现状及展望［J］．高校图书馆学报，2016（5）：78-83.

二是开展机动灵活的图书流通点或流动书车服务。图书流通点与流动书车灵活方便，效率高。目前部分公共图书馆已实现了走进社区、走进企业、走进公众场所、走进中小学校，将书籍和知识带到大众手中，让他们有机会接触优秀的文化经典，丰富他们的精神文化生活。高校图书馆还开展校外阅读服务，向社会推荐图书资源，扩大学校的社会影响力，体现了学校高度的社会责任感，同时使得高校图书馆的馆藏资源得到充分的利用。

三是图书下乡活动。公共图书馆是地方公共文化服务体系的重要组成部分，建设社会主义新农村需要充分利用得天独厚的资源、人才和技术，大力建设地方文化空间。现在，图书下乡活动开展得如火如荼，将适合农民读者的书送到农村，让他们多读书，读好书，从而提高他们的科学文化素养。帮助农村地区开发信息资源，教会他们如何使用文献和信息资源，提高他们获取和使用知识的能力。面向农村的信息推送服务也是图书馆扩展服务的一部分。

四是服务空间的延伸。这种延伸不仅体现在实际的物理空间上，也体现在虚拟空间上。随着移动多媒体技术的飞速发展，大众阅读的方式和内容正在进入一个新的阶段。新阅读时代的特点是信息更新快、阅读量大、互动性强，这对传统图书馆产生了重大影响和挑战。传统借还书服务已不适应时代发展，现在要顺应科技发展，响应读者需求，响应时代呼声，大胆创新，为读者提供阅读推广服务、预订服务、信息交流平台、自习室、数字学术中心等，增加电子资源份额，利用互联网加强宣传推广，拓展手机服务，深化多媒体服务等。

3. 服务内容的延伸

服务内容的延伸就是指图书馆充分发挥自身人才和资源方面的优势，组织图书馆馆员、专家学者或读者对图书馆资源进行开发、利用、重组，并将成果用来支撑教学科研的各种附加服务。服务内容的延伸涉及点多、面广，目前图书馆所开展的服务内容延伸主要包括以下几种形式：

一是信息和知识服务的延伸；

二是开展各种学术专题讲座；

三是信息资源与人力资源相结合的学科馆员制度；

四是高校图书馆设备资源的延伸服务。

五、高校图书馆面向研究型读者的服务转型

大学是研究型读者的聚集地。除了教学任务外，教师还需要承担多种科研任务，他们的科研结果直接决定了他们的学术地位和职称。除教师外，硕士、博士生和研究机构工作人员也是研究型读者。对于研究型读者来说，信息缺乏不再是问题，而信息冗余成了主要的问题。在读者座谈会上，信息量过多、过于繁杂都是被反复提到的问题，关键词搜索每次都能出现上千个，而自己需要的信息则被淹没其中。他们希望能准确、快速地找到自己需要的文献，与志同道合的人进行科学互动，及时获取国内外最新的、最先进的科研信息，获得更完善的信息和知识服务。所有这些都表明，对于研究型读者来说，图书馆的服务必须调整以适应现实的重大变化。

这种转变包括以下几个具体的方面：

一是服务层次由信息服务向知识服务转变；

二是服务方式由传统咨询服务向知识发现服务转变；

三是图书馆馆员素质由单一型向多元型转变；

四是图书馆由文献信息中心向学术交流中心转变。

第四节　高校图书馆服务与管理创新途径

建设新时期新型学术型、开放型、数字化的高校图书馆并保持其独特的生命力，关键是创新机制的不断推进。

一、创新高校图书馆服务与管理理念

（一）增强领导者的创新意识和创新能力

领导者是高校图书馆管理创新的引导者、组织者、协调者和主体，创新精神是图书馆领导者创新的根本要素和前提。馆长是图书馆的直接领导者，是图书馆服务与管理理念创新的带头人。馆长创新意识的强弱直接关系到图书馆建设的好坏，因此馆长要深入到图书馆实际工作中去，参与图书馆工作的创新改革，建立科学、合理的知识结构。馆长要成为学习的榜样和导师，作为创新的内在动力和核心纽带。作为图书馆创新主体的领导者，其综合素质直接关系着图书馆的整体形象，影响到每个馆员创造力的发挥，关系着单位事业的发展。

（二）规范图书馆岗位职责

从机构成立到各项专业职责、目标任务、薪酬惩戒措施逐步完善，全馆工作进入制度化、管理科学化、服务现代化的轨道。比如在人事改革方面，引入部门负责人竞聘、岗位竞聘、互选、裁员等制度，提高工作效率。各部门都要制定必要的工作手册，包括岗位设置、工作职责、工作规范、考核方案等，并有统一的激励机制和约束机制，以及权责一致的管理机制和工作机制。例如，信息咨询部工作手册的内容包括职务范围、教学活动、读者培训、信息咨询、馆际互借、定题服务等，工作有章法，有规律，保证工作质量良好，流程顺畅。岗位职责规范化成效显著，开创馆员专心工作的局面，使图书馆的管理迈上一个新的台阶。

二、提高创新管理服务能力

（一）改变传统的读者服务方式

在创新中找出路，在创新中求发展。经常举办各类学术讲座、各种数据库讲座、数字资源系统讲座、中国科学期刊数据库讲座等，通过图书馆网站和海报进行宣传。此外，建立和维护专业的导航数据库；培养专业的图书管理员，对其进行技能培训；收集相关信息，扩大服务范围，改进服务内容，提供社会咨询服务。例如，由图书馆的专用藏品汇编成家谱和其他考古书籍，通过研究和加强考古数据库，为国内外学科提供基础服务。详细准确的家谱数据可以产生强大的对外影响，应提高家谱的利用率以及其历史和社会利用价值。

（二）创新专业人才培养机制

改革创新是图书馆管理可持续发展的原动力。图书馆只有建立了创新人才管理体系，拥有具备专业知识的创新人才，才能保持创新。实践中应通过改变、选拔和培训图书馆馆员的方法来激励和发展人才。大中型高校图书馆有条件地申请硕士学位是理念创新的最重要手段，通过理念创新可以提升自己的知名度，有助于提升学校的品牌效应。图书馆馆员需要具有大学学历并掌握图书馆技术技能、扎实的图书馆和信息科学理论以及潜在的计算机、网络和其他相关的信息技术知识。

（三）优化图书馆的服务范围

据统计，高校图书馆文献资源的利用率不到 30%，既可惜又遗憾。[①] 2002 年教育部颁布的《普通高等学校图书馆规程》规定：“有条件的高等学校图书馆应尽可能向社会读者和社区读者开放。”在社区单位和用户中深入传播文化和技术知识，这个庞大且不容忽视的人才库，充满了文化性和青春活力，无需额外投资或组织。随着每年大学生毕业，新生源源不断地涌入，人才库逐渐发展壮大，这是高校图书馆相对于其他类型图书馆的独特优势。

三、优化图书馆质量管理体系

（一）优化图书馆质量管理体系的重要意义

一直以来，大学都是培养建设性人才的培养基地和输送基地，学校图

① 于红，李茂银．高校图书馆管理与服务创新研究［M］．长春：吉林大学出版社，2019：96.

书馆的建设和管理深受重视。尤其是在倡导素质教育、倡导全民阅读的大背景下，构建并调整高校图书馆管理体系，是学校领导以及图书馆工作人员必须共同面对的工作重点。

只有良好的阅读环境才能满足学生个性化阅读的发展需求，为教师职业素养的发展奠定基础。因此，学校需要根据主要工作计划，完善校园管理制度，遵循人本主义管理理念，改进和更新高校图书馆的管理，有效提升师生的阅读积极性，实现知识高效传承和传播的进步与发展。

（二）优化图书馆质量管理体系的重要路径

1. 成立质量管理团队，优化职能分配

为了更好地在高校图书馆管理中贯彻服务理念，学校的首要任务是建立管理团队，实现高效的质量控制。团队组建后，学校领导需要优化团队成员之间的工作职能分工，合理分配工作。馆长是整个团队的组织者和领导者，在管理高校图书馆方面发挥着重要作用。其他成员与馆长密切合作，建立、改进和实施质量管理体系。同时，管理团队需要定期接受素质培训，以确保在强大的管理技能的支持下，促进高校图书馆新管理体系的开发和实施。

2. 创建管理方针，细化管理目标

高校图书馆管理的先决条件是解决图书馆发展需求的管理方针和政策。因此，作为校领导和馆长，要根据大学的特点和大学的要求，以及图书馆服务体系质量控制结构的要求，结合高校图书馆的实际管理情况，制定以人为本的科学管理方针。在制定管理目标时，要始终遵循以人为本的思维方式，以提高学校图书馆服务质量为目标，制定有意义的质量控制目标。其中，高校图书馆图书整理、分类、检索、借阅等系统服务应继续加强，保证教师和学生能够在图书馆获得优质的阅读体验，激发教师和学生的阅读兴趣。

3. 构建智能化管理体系，实现高校图书馆信息共享

今天，信息技术不仅是重要的教学资源，还用于大学的教育活动，为管理系统的开发提供了重要的技术支持。在优化高校图书馆管理系统时，

利用信息技术实现高校图书馆质量控制的智能化、人性化是管理的关键。高校图书馆馆员要加强自身的计算机素养建设，避免图书馆图书等重要信息泄露，防范信息丢失的风险，需要提高质量控制体系的安全性，确保图书馆服务管理的安全性。

4. 落实绩效评价机制，提高馆员综合素养

馆员是决定高校图书馆服务质量以及管理效果的重要因素。高校只有全面提高图书馆馆员的素质，才能为师生提供优质的阅读服务。图书馆馆员需要定期接受学校的培训和服务质量评估，以弥补他们在图书馆服务运营中的不足。同时，高校可以将绩效考核作为考核评价的核心考核机制来加强馆员的责任感。绩效考核的主要内容包括馆员在提供阅读服务、规范服务流程等方面的服务态度，以及服务流程的规范性。使馆员在严格的体制监督下，规范自身的服务行为，为提高高校图书馆管理质量奠定人才基础。

高校作为培养高素质人才的重要机构，正在加快高校图书馆管理理念和方式的创新，结合先进的信息技术，构建最新的服务体系。加强高校图书馆的质量控制，将确保高校图书馆在未来发展过程中获得有利条件。

第四章

以人为本宗旨下的高校图书馆服务与管理创新

综观国内外研究成果，高校图书馆管理创新主题研究方面取得了成功，但仍存在一些不足：

在研究层面上，高校图书馆的实际情况有所不同，因此，为促进高校图书馆良性健康地发展，必须根据高校图书馆的类型、范围和绩效目标，开展高校图书馆管理的理论与实践研究。然而，至今图书馆以人为本管理的理念仅仅出现在一些研究文献里，只是从理论上解释了图书馆人本管理的重要性，并没有形成一个科学可行的评估方案或对策。因此，高校图书馆管理创新的研究还有更大的空间。

从研究的角度来看，现有研究的重点是调查当前高校图书馆发展中遇到的问题，并提出相应的对策，缺乏对管理者和服务目标之间角色相互作用的研究。

至于研究方法，大多数研究是理论性的，很少使用实证调查方法。一些学者在考虑高校图书馆的管理时，缺乏对具体图书馆类型的实地调查，针对不同图书馆、不同情况仅仅是提出一些通用的措施和缺乏针对性的管理策略。

本章将基于上述不足，在现有的研究成果的基础上，本着以人为本的理念，全面、系统地把握高校图书馆的运行情况，力争有所突破。

第一节　构建高校图书馆以人为本的管理理念

我国高校图书馆的运营长期以来一直采用重物重系统的管理方式，以文献管理工作为主。管理层对组织分工有发言权，等级森严，少数管理者下达指令，图书馆服务人员听从安排，执行命令，坐等读者上门，缺乏发言权，对自己的工作没有独立的控制权，不能发挥自己的积极性和创造力。随着时代的发展，高校图书馆肩负的责任越来越重要，人们对知识的需求也越来越多。如何提高高校图书馆的教育职能和社会功能是每个高校图书馆管理者需要慎重考虑的问题。

针对高校图书馆发展面临的新问题，要以科学发展观引领图书馆建设，推进以人为中心的图书馆管理创新。近几年来，以人为本的管理理念在高校图书馆管理中陆续被贯彻执行，且越来越被重视和接受，并逐渐融入图书馆管理的方方面面，开创了高校图书馆管理的新时代。

以人为本的图书馆管理体现在人文关怀上，比如尊重馆员的主体地位、关心馆员的生活和工作需要、肯定馆员的自我价值等。人文关怀能激发馆员的工作热情，使他们主动为图书馆的发展献言献策，积极参与到图书馆的服务与管理中。在这个过程中，他们的自我价值得以实现，因此获得了幸福感和满足感。通过满足读者对信息服务的需求，将人们的需求与图书馆发展目标联系起来，高校图书馆可以更好地适应市场经济的外部环境，提高竞争力。

一、高校图书馆以人为本管理的内涵

图书馆是储存知识和信息的重要场所。如何将图书馆的各类知识和信息转化为真正的生产力是图书馆管理者面临的一个重要问题。作为图书馆管理系统的重要组成部分，高校图书馆需要意识到这个问题并加以解决。

创新的本质是资源的整合，包括有效的资源整合、组织流程管理和细粒度管理。管理创新，其实就是根据外部环境和内部环境的变化，利用相关的科学管理知识，对组织的各个要素和环节进行改进或重组，从而带来管理质量的新变化的过程。图书馆管理的创新包括三个方面：一是开创一种新的管理思路；二是构建新的管理机制；三是创新服务模式。因此，高校图书馆管理创新基本上是用新理念、新技术、新方法对高校图书馆管理体制进行重新定义、选择、实施和评价，最终是对高校图书馆管理水平的持续改进。

管理创新是以管理的基本功能为出发点，适应社会发展的需要，改进管理的行为过程的总称。高校图书馆的管理创新具有以下特点：

其一，管理的目的是适应信息社会。旧式管理是一种被动的、低级的、静态的管理。高校图书馆管理创新是从被动服务向主动服务转变、从低层次服务向高层次服务转变、从静态管理向动态管理转变的过程。

其二，管理应以人为本。旧的管理思想是基于利润导向和事物的诱惑，而不是基于人的领导模式。以人为木尊重人性，是人的主动性和积极性的完整体现。图书馆管理者在管理中渗透人性化领导的理念，提倡平等、民主的工作作风，充分调动馆员的自主性和积极性，形成一种勤奋、亲和的图书馆管理氛围。

其三，管理组织必须以读者为中心。组织创新是一种提供更大价值和重新分配管理资源的创新形式。传统图书馆内部组织主要根据书目资源的类型进行结构化和细分化，无法满足全校师生多样化的信息需求，导致信息流和文献流的不畅。高校图书馆管理的一项创新是重新组织图书馆的业务流程，将基于文档的组织转变为以读者为中心的组织。

其四，管理要注重信息资源的核心地位。在采购信息资源方面，引入或开发更方便、更快捷、更高效的信息检索系统，分析用户信息需求，实现信息资源最大限度地利用，加大对信息资源的整合力度，开发出具有特色的数据库或其他产品。

其五，管理职能要突出服务职能。高校图书馆有两个主要职能：一是教育职能；二是信息资源服务职能。图书馆要突出高校整体服务功能，发挥高校教育和科研服务独特的技术、人才、资源优势。

二、以人为本理念与高校图书馆管理创新的关系

（一）以人为本是高校图书馆管理创新的灵魂

人是组织管理精神的核心。在现代图书馆管理中，人往往是管理的中心；在高校图书馆服务工作中，人是服务的执行者和接受者，管理从根本上说就是人的管理。高校图书馆管理包含三个要素，即人员、资源和服务。人员包括图书馆服务人员和读者；资源是人的“武器”，是服务的物质保障；服务是人和资源运行的目标。

图书馆信息服务的创新必须针对图书馆读者对信息需求结构的变化。同时，读者是图书馆“人”的重要组成部分，对他们的关心和尊重一直是图书馆工作的重点，图书馆应为读者提供越来越多的有效信息，其最终目标是以人为本。因此，图书馆需要实现三个重心的转移，即从文献信息资源转移到读者，从次要转移到主要，从被动服务转向主动服务，为人本管理提供环境条件。

一些管理服务实施以人为本的做法。图书馆为读者提供的支持服务包括以人为本的信息收集和管理方法，以及以人为中心的信息交换和查询方法。图书馆工作受藏书理念的影响，长期以来一直对“藏”感兴趣，仅从书籍的角度思考问题，致使书籍与读者相脱离。图书馆应把读者放在主要位置，应让书籍为读者服务，真正体现图书馆为读者服务的初衷。

管理的目的是什么？从传统图书馆到现代图书馆的转变以及“面向所有读者”的概念是现代图书馆管理理论和实践的核心。阅读生活已经成为一个自由的消费机会。今天，读者是图书馆的主人的观念根深蒂固，高校图书馆在建立机构、收集和处理信息资源、交流和咨询等方面需要与读者的需求紧密结合。首先，在现代信息技术和网络的普及的大背景下，图书馆的许多工作要通过自动化系统为读者服务，图书馆技术人员要维护好自动化系统，使其正常运行，保障网络畅通，方便读者随时使用。其次，高

校图书馆普遍开展线上阅读推广和在线咨询工作，围绕读者的文献信息资源需求，随时调整图书馆的服务方向和内容，切切实实体现了“读者至上”的人本管理思想。

（二）高校图书馆管理创新是以人为本理念的实践

坚持以人为本是新形势下的必然趋势，是高校图书馆管理进一步发展的迫切要求。人本主义理念在高校图书馆管理中的应用，是发展现代图书馆事业的需要。

首先，要落实以人为本的理念需要科学的内控。充分调动和落实所有图书馆馆员的积极性、主动性和能动性的前提是贯穿人本主义理念。图书馆馆员经常因状态不佳、缺乏职称评价、与同事关系不和等而表现不佳，图书馆馆员的潜能往往处于潜在状态，主动性的发挥总是不足。为了调动和发挥馆员的积极性，需要贯彻以人为本的理念。采用积极的沟通方式创造积极的因素。应肯定馆员在图书馆的主人翁地位，尊重馆员的自我价值，树立“馆兴我好”的意识，激发馆员的工作积极性，使他们主动参与图书馆的管理，实现图书馆向前走的目标。

其次，以人为本的理念是信息社会服务的需要。高校图书馆服务秉承人本主义理念和“一切为了读者”“读者至上”的理念。图书馆馆员要牢固树立“读者至上，服务育人”的工作宗旨，一切工作都要围绕读者的需要开展，读者对图书馆服务的满意度就是图书馆生存和发展的基石。高校图书馆通过文献信息资源服务读者达到“以文化人，以文育人”的人才培养目标，这正是图书馆管理坚持人本思想的精髓，也是信息社会服务的要求。

最后，高校图书馆发展需要以人为本的理念。随着信息产业的发展和互联网的出现，高校图书馆面临着各种各样的问题。高校图书馆正在对数字化转型和网络进行大量研究，不断引入新技术。高校图书馆需要创新的服务和管理理念，需要尊重图书馆馆员，信任图书管理员，值得信赖的图书馆馆员更有实施主动性和创造性的积极性，因此需要激励策略、创新的服务和管理理念。只有坚持以人为本的理念，才会是图书馆未来发展的方向。

第二节　创新高校图书馆以人为本的管理思路

一、树立以读者为中心的理念

以读者为中心的图书馆管理理念体现在四个方面：

（一）尊重读者的主体地位

为读者服务是高校图书馆工作的核心内容。文献信息资源的管理和为读者服务是图书馆工作的全部内容，但是归根结底，文献信息资源的管理就是为了读者服务而存在的。因此，可以说高校图书馆的全部工作内容就是一切为了读者，读者是图书馆工作管理的主体。图书馆要根据读者的需求，充分利用人力、物力、财力等资源满足读者对图书馆的需求。

首先，高校图书馆馆员要平等对待读者，尊重、体谅和关爱读者，耐心倾听他们的意见，不能因为地位和身份的不同而差别对待，所有的服务都必须平等地执行。在服务活动中，馆员要举止得体、文明礼貌，以良好的素养展示自己，使读者如沐春风，感受被尊重的快乐。其次，馆员要关爱读者，在服务中体现人文关怀，尊重读者的人格尊严、包容读者的个性、满足读者的个性化需求，从而获取读者的信任和支持，提高图书馆对读者的吸引力。实现图书馆人性化的情感体现，实现人本化的服务，从而更好地服务读者。

（二）发挥读者的参与积极性

图书馆管理实践需要充分发挥读者的才智，根据读者的主观能动性等积极因素发现和解决图书馆管理中的现有问题。首先是制定规则和监管指南，并为读者提供一个反馈的途径，以保证制度的合法性。其次，图书馆要定期召开读者交流会，激发读者和馆员的个人责任意识，就读者服务运作的优缺点发表意见，并以读者参与图书服务咨询的形式提出完善的建议，目的是使制度和规则更加合理。最后，图书馆设立意见箱和开辟网上论坛，收集读者对图书馆工作的意见和建议，最终为读者服务作出有益的决定。

（三）以满足读者的需求为导向

以人为本的图书馆管理归根结底是以人为中心的管理。为读者服务，满足读者的信息需求，是图书馆实现自身社会生存的前提。

高校图书馆馆藏的内容结构是读者需求和服务的基础。为体现高效管理，提高服务质量，满足读者的资源需求，可以从三个方面着手：一是到各院系调研读者的知识结构层次和教学、科研的发展方向。二是要了解读者资源需求的完整性、有效性和波动性。三是让读者参与到图书馆建设过程中，比如带专业教师参加图书馆纸质资源的采购、让读者决定引进数字资源的种类和数量等。当然，服务人员的知识素养和人文素养对提高服务质量也至关重要。总之，畅通图书馆与读者交流沟通的渠道，以满足读者的需求为导向是高校图书馆服务与管理的先决条件。

（四）促进读者人性完美

人的全面发展是图书馆读者服务的关键要求。读者服务行为是人性的体现，也是图书馆事业成功的关键因素。既然服务者会在服务过程中刻意提升读者的人性化，那么需要分析在实施管理计划的过程中是否需要提高读者的心理健康水平和精神文化，并关注其有效性，使得人性更完美，而不是更糟糕。

二、建立健全科学合理的规章制度

（一）在制度设计中嵌入人本理念

高校图书馆要在馆员中树立以人为本的管理理念，制定以人为本的管理制度，践行以人为本的管理行动。将人本思想与图书馆服务和图书馆发展的目标相结合，并将其制度化，从而促进图书馆管理的科学运行。

图书馆以人为本的管理不是图书馆管理的具体内容，而是全面渗透到图书馆日常管理服务中，将以人为本的管理理念和思想融入各个部门、各个层级内，图书馆运营部门是一种以人为本的领导理念，指导图书馆的所有发展运营。图书馆管理的实践必须让以人为本的管理思想融入图书馆管理系统的设计中，必须保证以人为本的管理理念在管理系统中的状态，指导设计和构建图书馆管理系统的组织结构、运行机制、运行连接等方面，让人性化的管理思想渗透到图书馆管理的各个方面。建立在以人为本的管理思想和理念基础上的图书馆管理体系，保证了图书馆管理中所有的管理计划的顺利实施，使得人本管理思想在图书馆管理的各个环节和层面都有体现。

图书馆实行以人为本的管理，有专人负责制定相应的政策，并负责实施管理和监督日常服务运作，形成了一个包含三级决策的体系，实现经营目的，同时行使管理和监督的权利，履行各自的义务。

（二）实施制度者具有人本观念

高校图书馆组织成员应了解图书馆工作的目的，了解为图书馆目标服务的行动，了解图书馆组织行动的方向，认识并认可那些行动，相信这些行动对自己有益。如此，图书馆馆员将更乐于接受图书馆管理员的指示和命令。图书馆组织是一个群体，需要有人实施管理来实现他们的目标。

在构建高校图书馆组织时，图书馆管理者应对图书馆馆员的合作提出指导。图书馆管理者通过标准化的管理实践指导图书馆馆员的行为，设计组织结构和系统发展，将图书馆馆员置于管理的中心，不仅可以促进图书馆的整体发展，也可以促进图书馆馆员的发展，使得图书馆馆员在图书馆的日常运行和管理中发挥关键作用。

为了维护馆员对管理者的认同，一方面，管理者的权利需要适应其知识和技能，管理者的权利和他领导的图书馆馆员的数量要适应；

另一方面，图书馆权利的分配以及权力的集中与分散应合理；第三个方面应给予馆员和管理者一定的灵活性；最后要确保管理指令的统一及高效，保证图书馆组织的每个人员都只有一位管理者。

只有这样，图书馆组织才能成功地管理目标，有效地促进图书馆馆员之间的和谐沟通，确保图书馆内部的人际关系的和谐，才能促进馆员潜力的发挥。管理者可以鼓励馆员参与图书馆的管理，追求职业成就，实现自身的发展目标。只有在图书馆的设计和结构中体现人本主义的理念，才能最大限度地发挥人性。

三、以实现自主管理为管理创新的目的

（一）馆员个人目标与工作目标要具有一致性

高校图书馆馆员之间存在差异，馆员的个人目标需要与图书馆的工作目标有很大不同，但是，以用户为中心的图书馆管理理念和管理思维认为，图书馆的目标是可以与图书馆馆员个人的发展目标相一致的，可以实现和谐发展。

现代图书馆发展方法和理念为高校图书馆管理提供了全新的管理理念和思维。和其他组织一样，图书馆管理员负责个人信息、财务信息、重要信息、工作绩效数据、信息反馈、重要信息的交流，图书馆馆员、读者、客户和外部环境之间的互动。图书馆倡导馆员与图书馆共同发展的理念。在图书馆发展的同时，鼓励馆员自由而充分的发展，引导图书馆的所有管理工作秉持以人为本的管理理念，通过人文关怀和激励机制，鼓励馆员全身心投入到图书馆的服务和建设中，共同实现自我价值的提升和图书馆的发展目标。

（二）图书馆管理与馆员自我管理应合为一体

在将以人为本的管理理念引入图书馆管理中时，图书馆管理者要将图书馆的组成元素，如人力、物力、财力等资源进行分析、整合、评估，将所有的元素都纳入到图书馆管理系统中，以人为本兼顾其他，推进图书馆

服务工作的高效开展。

在以人为本的管理中，高校图书馆各部门成员都能将图书馆作为家来经营，将图书馆的发展当作自己事业的发展，劲往一处使，做到人尽其才、物尽其用，提高高校图书馆管理水平。要使图书馆管理与馆员的自我管理真正融为一体，需要做到以下几点：

一是要组建一个具有领导力的核心管理层。核心管理层发挥他们的领导力，配合合适的方法和手段，建立领导层和馆员之间互相信任的和谐关系，激发馆员的工作热情和工作能力，使馆员自觉参与到图书馆管理中，进而实现图书馆管理的组织目标。二是营造一种积极向上的图书馆文化。打破各职能部门各自为政、各部门人员自成一体的局面，树立图书馆工作整体观和馆员一体观的思想，营造一个积极向上、勇于创新的图书馆文化氛围。加强信息和知识共享，加强图书馆馆员之间的沟通，实现图书馆馆员对图书馆管理和决策的参与。三是使馆员获得成为管理主体所需的技能。一方面，赋予图书馆馆员一定程度的自主权，并帮助他们最大限度地提高工作乐趣，另一方面提高图书馆馆员的领导能力和决策能力，使图书馆馆员积极主动地参与图书馆管理服务。自我管理是图书馆员自动改变思维和工作方式的最佳方式。四是要求馆员在自我发展过程中通过自我发展为图书馆发展做出贡献。按照图书馆规章制度来管理和规范自我行为，将自我管理与图书馆管理相结合，促进共同发展。五是使馆员以图书馆为中心进行管理。积极配合图书馆管理，确保馆员获得基本的管理和自主技能。

图书馆馆员自我管理是一种积极的管理模式，它使得馆员能够自主配合图书馆的安排，培养专业技能，提高管理技能，积极参与图书馆的管理和决策，全面提升图书馆馆员的个人能力，促进发展。

第三节 构思高校图书馆以人为本的管理对策

一、建立以人为本的内部管理机制

（一）提高馆员的能力素质

一是提高馆员的综合业务能力素养。随着信息技术和网络的快速发展，读者获取资源的方式方法产生了巨大变化，这对高校图书馆馆员的服务能力提出了更高的要求。图书馆要创造条件，鼓励馆员多学习及培训业务知识，培养馆员树立终身学习的理念，不断提高综合业务能力。二是提高馆员职业道德素养。加强理论学习，培养馆员遵纪守法、爱岗敬业的职业操守，让他们将自己的工作绩效融入图书馆的发展。三是激发馆员的创新力。鼓励馆员参加业务知识竞赛，尊重他们的发明创造，让他们参与图书馆的重要决策，听取他们的意见和建议，共商共建共享图书馆的建设和发展。

（二）建立完善的制度体系

是完善评价机制。坚持公开、公正、公平的原则，对馆员在工作中的状况与态度、品德、人格、心理素质、工作能力、专业水平、适应能力等进行评价，逐步激发馆员的工作积极性，营造积极向上的工作氛围。二是完善激励机制。根据具体工作实际，建立合适的奖惩制度。经常举办业务技能比赛、开展争先创优活动，激发馆员的工作热情和个人潜能。适当的奖励制度使馆员的能力得到肯定，更加激发他们的主动性和创造力。三是完善培训体系。根据不同岗位的需求和各个研究领域的差异，提供有重点、有计划、有步骤、有层次的各种培训和继续教育机会。通过开展培训课程和研讨会，图书馆馆员可以不断提高他们的工作能力、创造力和业务能力，从而不断应对新的挑战。

（三）构建和谐的人际关系

和谐的人际关系有助于图书馆各项任务的顺利执行。首先，管理者要认同每个人的价值观，尊重所有馆员，进行更深入细致的思想政治工作，使所有馆员都致力于组织、团体的温暖和同事关系的和谐。其次，鼓励馆员之间经常交流。管理者需要下基层去了解图书馆馆员的思想动态和生活状况。图书馆工作相对单调乏味，馆员容易产生懈怠情绪，必须引导他们不断适应工作状态。最后，工作之余开展积极健康的文娱活动，如拔河比赛、球类运动、成立各种兴趣小组等，促进馆员之间的交流沟通，缓解个人情绪，丰富业余生活，提高图书馆人员的凝聚力。

如果图书馆管理者能够引导馆员追求精神价值，那么，在馆员中会凝聚起勤奋上进的精神，使其在图书馆事业中实现自我价值，同时促进图书馆建设的可持续发展。

二、构建以人为本的读者服务模式

（一）借阅环境追求人性化

图书馆内部环境的设计要体现人性化。图书馆要关注读者的需求和情感，为读者提供舒适、舒心、便捷的阅读环境。

高校图书馆的设备以方便读者为原则，体现人性化。第一，绘制图书馆方位图，让读者可以清楚地看到目标书库的位置。第二，图书馆内书架的摆放位置、书架的高度、书架间的距离等都要考虑到读者的方便性。第三，在书库设置舒适的阅览桌椅或沙发方便读者阅读或自习，实现书库借阅一体化服务。第四，在检索区和自习区安装许多插座，方便读者使用移动设备或充电。第五，以人为本的原则体现在图书馆室内环境的设计上。例如，在走廊、大厅、电脑旁等位置放置健康的绿色植物盆景，在廊柱、内墙悬挂名人名言标语、名家书画等，激励读者发奋图强。优雅舒适的阅读和学习环境，得益于完美的配色方案和合适的硬件设备，读者可以体验到安心、舒适的阅读环境和浓厚的学习氛围。

（二）服务形式丰富多样化

高校图书馆通过以人为本的理念提供服务，满足教职工和学生借阅的需求，并为读者提供文献信息资源和专家信息建议，其整个工作都围绕“一切为了读者的方便”而展开。

一是深入教学一线，开展调研工作，了解读者的知识和信息需求。例如，定期召开读者座谈会、设立读者意见箱，鼓励读者推荐图书，倾听他们的声音，尽力满足他们的资源需求。二是利用互联网为读者服务。学校网站设立读者借还书平台，帮助读者查询借阅图书状态，完成续借手续，节省读者时间；它还可便捷地搜索在线书目和文档信息、提供咨询服务、搜索和下载电子资源、推荐优秀书籍、下载相关软件等，为师生提供视听资料的阅读、集体观摩等服务；还可在互联网上为读者提供问答；使用VOD视频点播系统，提供点播和下载视听服务，以提高视听材料的利用率。三是为学术交流准备条件。邀请各学科学者进行学术交流，组织丰富多彩的实践活动，展示不同学科的卓越进步，为图书馆服务铺平道路，打开图书馆文化氛围和学术功能的大门。四是实行免费服务。实施开放式书架，实现藏、借、阅一体化的服务模式。根据教育部的要求，必须充分满足读者的需求，最大限度地延长开放时间，保障读者有充足的阅读和自习时间。五是使用自助借书系统。不仅减少了员工的体力劳动，而且简化和方便了图书的借还。高校图书馆通常不是24小时开放的。由于馆员工作时间有限，不能24小时借阅或归还，自助借还系统打破了这个限制。六是图书馆功能隔断墙可以设置自动取款机、复印室、水吧等特殊区域，为读者提供便利，使图书馆成为研究和休闲的集合，提高图书馆资源的利用率。

（三）图书资源社会共享化

高校图书馆与公共图书馆或其他科研机构共建和共享资源，一方面，可以节约成本，提高经济效益；另一方面，高校图书馆肩负为国家、为社会培养高素质人才的重任，有责任、有义务开展社会教育。资源共享既有利于高校图书馆的发展，又避免了资源浪费。高校图书馆要与公共图书馆、科研机构就共建和共享资源问题达成合作意向。

第一，培养和加强读者使用高校图书馆的意识。一是高校图书馆通过网络平台宣传文献信息资源和特色馆藏，让读者了解资源详情，以便判断是否可以读取、使用；二是针对有使用本馆资源意向的读者召开文献信息服务专题讲座，指导读者如何正确获取和使用各种文献信息资源；三是通过入馆教育培训或在线咨询等方式，培养读者良好的借阅习惯，做文明读者。

第二，为读者编写规则和规定。一是根据读者的需求，构建灵活的信用体系。二是为读者建立活跃的个人信用档案、评分系统，建立奖惩制度，通过读者信用改变借阅权。三是优先满足具有专业化、精细化信息需求的读者，根据个人需要提供专业、独特的信息服务。为有影响力的读者提供自定义内容服务。

第三，丰富读者的图书馆知识。一是通过出版印刷各种宣传资料、宣传册和广告栏目等，宣传文献信息知识和研究方法。二是开展和文献信息研究有关的讲座与培训，特别是在线研究、CD 研究、网络研究、知识和技能等方面的讲座和培训。三是宣传图书馆文献信息服务功能和项目推广引进。四是通过媒体方式在线培训读者。

第四，合理分配文献信息资源。高校图书馆可以在保障学校教育和研究的情况下，在提供文献信息支持和提供优质服务之余，在资源丰富但未充分利用的情况下，可以在整个社区合理分配文献信息资源。

资源共建共享是高校图书馆今后改革发展的重要方向。资源共建共享既可以避免资源的重复建设，又大大提高了资源的使用率，实现了效益的最大化。资源共建共享无论对高校读者还是社会读者来说，在一定意义上实现了资源使用公平原则，高校图书馆与共享单位实现了双赢。

三、营造人性化的图书馆环境

人性化阅读环境有利于图书馆服务管理，增加图书馆对读者的吸引力，从而提高图书馆的使用效率。构建环境有两个主要组成部分：一是为图书馆营造人文环境；二是营造硬件环境，完善借阅设备。既要致力于改造人性化的大学图书馆环境，更要为读者提供充足的文献信息资源服务。

（一）人文环境建设人性化

高校图书馆是广大师生从事教、学、研的重要场所，它具有浓厚的教育文化氛围，能激发读者的学习、阅读兴趣。图书馆安静、优雅、舒适的环境又有助于读者放松心情、减缓情绪压力。

其一，在陈设布置上，要坚持读者至上的原则。装饰书法、绘画、雕塑、陶艺、壁挂、盆栽、绿植等艺术作品，陶冶读者的情操。图书馆的灯光、温度、湿度、色彩等要符合人体的需求，有助于读者的身心健康。

其二，为读者营造安静舒适的借阅环境。图书馆内应保持安静，禁止大声喧哗，工作人员言行举止要文明礼貌、轻言细语，给读者以远离喧嚣、畅游在知识的海洋里的美好体验。

其三，减少借阅的环节。为方便读者借阅，要取消不必要的环节，调整图书馆结构，合理摆放图书资源，简化借阅流程。

其四，工作台的设置要强调人性化。工作台应靠近师生放置，拉近图书馆馆员与师生之间的情感距离；去除多余的书籍围栏；杂志柜台高度要足够低，让读者进门便产生轻松、舒适、愉悦的心情；在馆内外的美化上，要精心布置，让读者在优美的环境中提高图书馆使用意识和效率。

其五，图书馆馆员的服务要热情周到，态度要亲切随和。图书馆馆员积极主动为读者服务，耐心细致解答读者的问题，让读者有宾至如归的感觉。

（二）硬件环境建设人性化

首先，加大文献信息资源建设。高校图书馆的主要职能是教育，具体体现在为学校的教、学、研提供充足的文献信息资源，使读者获取知识。现阶段，随着科学技术的发展进步，人类社会已经进入数字化、信息化、网络化时代，读者对文献信息资源的需求也随之改变，高校图书馆要与时俱进，加大文献信息资源建设以满足读者对资源的即时需求。

其次，完善配套借阅设施设备。未来图书馆的竞争是网络和数字设备性能的竞争。新技术和数字设备的引入以及平板电脑体验室的安装是图书馆的发展趋势，高校图书馆正在经历设备改造转型。

四、构建图书馆人本管理评估体系

（一）人的满意度评价标准

1. 读者满意度评价标准

读者对图书馆温度、湿度、环境清洁度、阅览室设备、文献收藏质量、书籍清洁度、照明条件、馆员服务情况、文献更新速度以及新技术和电子设备的引进等进行满意度评价。

2. 员工满意度评价标准

包括工作环境的安全和舒适、工资和福利、职业规划和发展、培训系统以及领导的重要度等。

（二）信息资源质量评价标准

主要包括信息资源的权威度、信息资源的客观性、信息资源的准确度以及信息资源的新颖性几个方面的评价。

（三）完善结果反馈机制

主要包括以下几种：

一是正式的反馈机制。包括通过设置意见箱、意见簿、微信群、QQ群、BBS 等各种方式收集读者对于信息的需求。

二是日常的反馈机制。包括成立读者协会，举办读者座谈会，了解读者对图书馆服务的满意度等信息。

三是主动的反馈机制。包括通过让读者做问卷调查、馆员深入到各院系进行座谈等形式，主动地了解读者对图书馆服务的意见和建议。

高校图书馆通过上述形式收集读者的意见和建议，进行研究和分析，并撰写报告，以全面、公正地评估图书馆管理的人本主义成果，提高服务水平。

第五章

信息化背景下的高校图书馆服务与管理创新

随着信息化时代的发展，信息技术被广泛应用到社会的方方面面，传统的文献资源也越来越信息化，人们使用资源的方式也逐步网络化、信息化。高校图书馆作为高校的文献情报中心，必须跟上时代的发展，做好文献资源信息化建设，搭建信息化服务平台，以满足读者利用图书馆的新需求。

第一节　构建高校图书馆信息服务平台

一、图书馆读者信息服务平台的构建

随着计算机技术的快速发展和互联网的普及，资源信息化程度越来越高，信息资源在社会发展中起着越发重要的作用。高校图书馆作为收藏文献信息资源的高度集中阵地和培养人才的重要场所，应该顺应时代发展和读者需要的要求，并借助计算机等现代信息技术设备构建一个读者信息服

务平台。借助互联网，通过这个平台，图书馆既能减少人、物方面的损耗，又能满足读者的资源需求，从而提高服务质量，发挥高校图书馆的教育职能。

（一）高校图书馆读者信息服务的内涵

从广义来说，信息是指人类社会传播的一切内容。人们通过获取自然界的信息来认识自然、改造自然；通过了解、研究人类社会发展过程的信息来认识世界、改造世界，推动人类社会不断发展的进程。可见，信息是一切通信和控制系统中的一种普遍联系，它在自然界和人类社会生活、生产中无处不在。因此，信息不仅是人类社会活动的产物，也是一种“交流”工具，是生命和自然运动的产物。可见，“信息”在全球范围内的使用代表着不同的含义，这也是近年来学者对“信息”的定义一直存在争议的原因。

但是，在定义学科范围和定义研究问题的视角时，应该澄清“信息”的概念。对信息概念，较为权威的是我国学者钟义信的定义，他认为信息是事物的存在方式或运动状态，以及这些方式或状态的直接或间接的表述。

简单来说，服务是通过履行职务来为他人做事，使他人受益或满足他人需要的活动。高校图书馆读者信息服务的内涵就是指图书馆服务人员为读者提供本馆信息资源，以满足读者进行教学研活动的信息需求而进行的活动过程。具体来说包括以下几点：

第一，服务的最终目的是为了满足读者的需要；

第二，服务的前提条件是高校图书馆与读者之间的需求关系；

第三，读者与图书馆的互动对服务质量来说至关重要；

第四，服务可以与有形产品的制造和提供结合在一起；

第五，读者范围不局限于高校，可以是社会人员。

前文说过，高校图书馆除了承担学校教育职能之外，作为社会的个体也应该承担社会教育职能。高校图书馆通过与社会其他科研机构共建共享信息资源，为社会提供信息服务来体现其社会价值。因此，服务至上一直是图书馆的首要目标。在这方面，图书馆服务与通常意义上定义的服务之间没有根本区别。

高校图书馆读者信息服务的内涵是指图书馆利用信息资源提供给读者的服务。具体而言，就是图书馆借助一定的载体，如计算机、网络或其他的多媒体技术，根据读者的实际需要，通过收集、存储、检索或加工信息资源，然后传递给读者而展开的一系列活动。

（二）高校图书馆读者信息服务的理论基础

1. 图书馆学五定律

《图书馆学五定律》是印度图书馆学之父阮冈纳赞 1931 年出版的一部享誉世界的图书馆学名著，书中提出的图书馆学五个定律被国际图书馆界誉为“我们职业最简明的表述”。五个定律内容具体如下：

（1）第一定律，即书是为了用的

该定律界定了图书馆的性质和基本原则，即图书馆的职能不仅是收藏和保存图书，更重要的是使图书得到充分利用。现代图书馆（包含了高校图书馆）的“图书”是指一切文献信息资源，所有的资源都是为了读者使用而有了其存在的价值。

（2）第二定律，即每个读者有其书

该定律界定了图书馆服务的读者范围，也是图书馆工作的基本内容。图书馆作为社会的公众服务组织机构，面对社会上所有的公民都要一视同仁，不能有阶级、背景等任何方面的歧视。每个读者都有权利使用图书馆的资源，图书馆确保所有读者都有他们需要的书籍，并根据他们的需求定位图书馆资源的建设。

（3）第三定律，即每本书有其读者

该定律界定了图书馆服务的资源使用率，就是图书馆服务人员要为文献信息资源找读者，提高资源的利用率，减少资源的浪费。高校图书馆根据本馆资源的共性和个性的特点，有针对性地为每类资源寻找潜在读者，例如通过图书馆网页定期发布新书推荐和专题推荐活动、在线咨询文献资源使用的相关问题等，加大资源宣传力度，想方设法使读者了解图书馆，并使用图书馆，最大限度地发挥图书馆信息资源的潜力。

（4）第四定律，即节省读者的时间

该定律界定了图书馆的服务效益，就是要让读者方便、快捷、有效地使用图书馆。实现这个目标，对于高校图书馆来说，必须做好以下几项工作：一是纸质资源实现通借通还、分类准确、排架有序。入馆读者在任一分馆、资料室或图书馆的任何楼层都有权限自行查找图书以及借还图书。二是数字资源保证 OPAC 系统的正常使用和维护。读者能不受时间、空间、地点的局限，随时随地能检索并使用图书馆的信息资源。三是图书馆要做好导引和参考咨询工作。图书馆服务人员要主动、热情地为读者提供有效的指引和释疑，减少读者因不熟悉图书馆带来的时间浪费。节省读者的时间就是尽最大的努力为读者提供最大的便利和自由、最小的限制和阻碍。“一个情报检索系统，如果对用户来说，他取得情报要比他不取得情报更伤脑筋和麻烦的话，这个系统就不会得到利用。”这个著名的“穆尔斯定律”深刻地阐释了第四定律的重要性。

（5）第五定律，即图书馆是一个生长着的有机体

该定律界定了图书馆的发展规律。图书馆作为社会的一种组织结构，它的生存和发展与社会的发展变化息息相关。纵观图书馆发展史无一不是随社会政治、经济、文化等的发展而发展的，从古代藏书楼或藏书阁到近代图书馆，至现代图书馆，又逐步迈向数字图书馆，将来还要经历更先进的发展阶段，图书馆的规模越来越大、种类越来越多、馆藏资源越来越丰富、图书馆功能越来越多元化。由此可见，图书馆是一个不断发展进步、具有强大生命力、不断生长着的有机体。随着信息化时代的出现，作为知识传播工具的图书馆必须与时俱进、共同发展，以适应新时代读者的需求。因此，“以人为本，以服务为中心”的理念是为了确保图书馆这个正在发展的有机体继续存在的根本。

2. 图书馆学新五定律

继阮冈纳赞的图书馆学五定律，美国学者戈曼在 1995 年出版的《未来的图书馆：梦想，狂想与现实》一书中提出了“图书馆学新五

定律”，后者是以前者为基础，是对前者的重新解释。新五定律具体内容如下：

（1）第一，图书馆服务于人类文化

该定律与“书是为了用的”的本质上一样，都指出了图书馆的根本任务。人类生产书籍，并作为文献资料一代一代流传下来，其目的就是为了人们交流知识、传播信息，并加以分析、拓展与创新，以推动社会的发展进步。作为传播知识和信息机构的图书馆，它的主要任务就是整理文献资料与社会信息并加以传播，开发智力资源，履行社会教育职能，促进人类文化的发展。

（2）第二，掌握各种知识传播方式

该定律是“每个读者有其书”的延伸。在社会信息化进程中，读者对文献深度处理的需求越来越迫切，人们不仅借书，还去图书馆获取其他信息资源。这就要求图书馆工作人员抛开文献的物理形式，采用多种知识传播方式，满足每个读者的需求，为他们提供方便快捷的服务。

（3）第三，明智地采用科学技术提高服务质量

该定律是在科学技术高度发达、信息资源高度网络化的现代社会环境的背景下提出的。网络化、智能化时代改变人们获取信息的方式，图书馆要适应时代发展和读者需求，改变服务模式，借助先进的科学技术设备，善于采用信息技术，扩大图书馆文献信息资源使用范围，使读者了解图书馆、使用图书馆，从而提高图书馆服务质量。

（4）第四，确保知识的自由存取

该定律与“节省读者的时间”是一个道理，都是强调读者无障碍使用图书馆并获得满意。

（5）第五，尊重过去，开创未来

该定律强调图书馆在为读者服务时，不应一步步照搬前人积累的实践经验，而应在尊重过去成果的基础上，同时坚持择优去劣的原则。上文说过，图书馆是一个动态发展的生命有机体，是随着内外部环境的变化而产生变化的，图书馆应该利用自身的优势与时俱进、开拓创新，提高为读者

服务的水平，实现开发资源、服务育人的任务目标。

（三）搭建高校图书馆读者信息服务平台的意义

随着互联网的普及，人们越来越依赖先进的电子设备在网上查找所需的信息，但是网络信息的质量良莠不齐，人们很容易迷失在浩瀚的信息中，很难准确找到自己需要的信息。高校图书馆作为文献信息资源收藏中心，藏有质量优良、丰富多样的信息资源，图书馆馆员要将图书馆学五定律落到实处。高校读者普遍利用手机、电脑等设备通过上网检索信息资源，如果高校图书馆不能够提供方便、快捷、高效的信息服务平台，让读者费时费力也很难有效地获取有价值的信息资源，那么，图书馆就丧失了自身的优势、吸引不了读者，就很难实现其服务功能，将会影响高校图书馆的地位，阻碍图书馆的发展。因而，图书馆搭建一个功能齐全的读者信息服务平台有着非常重要的现实意义。

首先，通过信息服务平台为资源找读者。高校图书馆服务人员在信息平台上发布文献信息资源的种类和适用范围、特色数据库、使用资源的方式方法等，并且实时更新数据，让读者了解资源，从而使用资源，有效提高资源利用率。

其次，通过信息服务平台为读者找资源。高校设有种类繁多的学科和专业，科研项目更是方向不一，广大师生教、学、研需要的文献信息资源各具特色和专业性。要满足他们的文献信息需求，图书馆服务人员要事先了解学科建设情况，更要提升自身分析、提取以及整合信息的能力，为广大师生提供教、学、研需要的资源。

总体而言，高校图书馆搭建读者信息服务平台的目的是让读者了解图书馆服务内容、服务方式、服务办法等，同时让图书馆了解读者需要的资源的种类、资源的时效性以及获取资源的方式方法等信息，通过信息服务平台加深了图书馆和读者之间的互动交流，有效地实现了图书馆资源的充分开发和有效利用以及信息资源的有机整合，提高了高校图书馆文献信息资源的利用率。

二、高校图书馆网络信息服务平台构建

（一）高校图书馆网络信息服务平台现状

1. 高校图书馆网站建设趋于成熟

高校图书馆网站的发展已经有几十年的历史。在发展初期，大多数网站都非常简单，内容很少，通常以文字表示，带有基本的图书馆信息和用户指南。那时候的网络功能单一且具有局域性限制，就连简单的书籍检索都很难实现。随着科学技术和计算机网络技术的飞速发展，资源共享和信息传递已经变得非常简单实用，高校图书馆服务也趋向智能化、网络化，几乎所有的高校图书馆都有兼具自己特色的网站，读者可以根据网站信息了解图书馆服务情况，可以自行搜索所需资源，也可以传递文献，等等。

2. 高校图书馆提供信息发布和检索服务

高校图书馆信息发布服务主要包括图书馆简介、资源建设情况、部门服务内容、服务指南、相关服务的动态信息等。

高校图书馆信息检索服务主要包括图书馆文献和数据库资源检索服务。通常通过在线查询目录系统搜索文献集合，用户可以执行查询。由于各个高校图书馆使用的自动化管理系统不同，搜索界面、搜索字段、显示的信息结果都不同，但输入的搜索字段大小都是一样的，通常是文献的标题、作者、关键字和搜索结果。另外，搜索到的书目信息一般包括记录总数、内容概要、收藏地点、借阅情况等。

高校图书馆一般都通过到各院系调研，听取读者对图书馆数据库建设的意见和建议，从而购置优质的数据库。有一些高校还根据本校学科和专业特色建立了自己的特色数据库。

3. 高校图书馆提供网络信息导航服务

网络信息导航服务是指高校图书馆将从网络上搜索的信息或馆藏信息，进行分析、提取加以整合、分类得出符合读者需求的有效信息资源。高校图书馆网络信息导航服务主要有以下几种：第一，网络搜索引擎导航

服务。它通过链接到不同的引擎或网站，帮助读者搜索并使用所需信息。第二，高校图书馆资源导航服务。读者通过它可以链接到其他高校或图书馆主页，获取所需资源。第三，学科资源导航服务。高校图书馆对网上庞大的数字信息资源进行收集、分析、整理并分类，按学科建立信息导航库，方便读者进行科研或专业研究。

4. 高校图书馆提供参考咨询服务

高校图书馆面临信息资源网络化、读者需求自动化的趋势，参考咨询服务应运而生。图书馆通过信息服务平台开展线上咨询服务，为读者解惑释疑。网络协同参考咨询服务已逐步成为一种特色服务。目前，只有少数高校图书馆建立了自己的数据库系统。当前，电子邮件咨询仍然是最流行、最有效的咨询方式。该方法通过用户与图书馆之间简单地发送电子邮件来解决相关问题。目前，我国的实时虚拟参考咨询服务还处于理论和实证研究阶段，很少有图书馆开展这种服务。

5. 高校图书馆提供网络多媒体服务

现在很多纸质文献都配有 CD-ROM 或音频。为了方便读者使用这些资源，许多高校建立了自己的多媒体目录和电子资料数据库，以供读者检索这些音频或视频资料，并可在图书馆网站上获取所需的多媒体信息。

（二）高校图书馆网络信息服务平台发展趋势

1. 网络信息服务方式趋于主动化

传统的信息服务方式是读者在图书馆或异地查询后，向图书馆咨询或借阅图书。图书馆馆员坐在书桌旁等待读者到来。在网络环境中，读者可以通过多种方式享受网上预订、咨询、文件传递等服务。同时，图书馆应为读者提供舒适的服务环境，为读者提供一站式的网上咨询服务。图书馆服务人员应主动了解读者的资源需求，及时有效地为读者提供优质的服务，满足读者的个性化需求。

2. 网络信息服务质量趋于高级化

网络信息服务质量强调服务质量要高。若当读者咨询时，图书馆无法帮助读者及时检索最新信息，此时读者就无法获得所需信息，便会造成服务质量低下。另外，当读者来咨询时，若图书馆只能提供读者需要的一部分信息，会造成读者一再咨询，这可能会使读者浪费更多的时间去查找自己所需的信息。为了更好地为读者服务，提供高级的网络信息服务质量是未来的发展趋势。

3. 网络信息服务模式趋于一体化

综合信息服务是高校图书馆将文献信息资源的查询和使用、服务跟踪、读者反馈及投诉处理等各项图书馆服务工作通过网络与读者互动，服务于读者的模式，它可以提供更直观的信息查询、数据文件下载或信息咨询等，这种服务一体化模式进一步提高了服务效益。

三、高校图书馆个性化信息服务平台构建

（一）高校图书馆个性化信息服务的特点

1. 高校图书馆个性化信息服务具有明显的针对性

高校读者是一个文化水平高、知识结构全面、创新能力强的群体，由于身份、学术背景和研究领域不同，他们需要的信息也不同。例如专家、学者或教授需要专业性和前沿性强的高质量的信息服务，如原文搜索、科技查新、主题搜索等。大多数大学生和研究生除了需要与该学科的相关信息外，还需要课外和娱乐信息，他们的信息寻求行为主要是借阅和咨询。因此，高校图书馆要根据不同的读者类型，有针对性地提供个性化信息服务。

2. 高校图书馆个性化信息服务具有可定制性

高校图书馆定制服务是为读者提供符合他们需求的、又令他们满意的个性化服务。例如，图书馆系统可以按照读者自定义的方式，灵活多样地提供信息内容、搜索策略、网页界面等定制服务。不同的读者登录后，拥有不同的权限、界面风格、服务方式和信息内容等个性化服务。

3. 高校图书馆个性化信息服务具有可交互性

个性化信息服务可以进行交互式图书馆服务，这对于没有检索信息能力的用户来说是一个很大的好处。例如，学科馆员服务模式可以提前为用

户提供专业的书目信息服务，馆员通过电子邮件、社交网站、即时通信软件等为用户提供便捷的新型服务模式，不仅提高了用户获取信息的效率，还间接加速了学术创新和科研成果的产生。

4. 高校图书馆个性化信息服务具有智能性

智能化是高校图书馆个性化信息服务发展的必然趋势，利用智能化技术可以实现信息发现、智能检索和数据库管理。特别是智能代理技术能更准确地理解读者意图，为读者提供目标信息；利用信息过滤功能可以降低信息噪声，为读者提供更准确的信息。智能代理技术还可以自动检测信息需求的变化和更新，下载和存储数据，主动向读者推送信息。智能代理技术还可以管理个人目录中的个人数据和读者信息数据库，帮助读者轻松访问信息数据库中的信息。

（二）高校图书馆个性化信息服务平台建设的价值

1. 顺应高新技术发展潮流

当今高校图书馆的信息服务方式主要是利用计算机和网络通信技术来快速达到信息交换、传输和利用。高校图书馆可以利用互联网技术，在馆际之间、馆员与读者之间实现信息服务的顺畅交流和沟通。高校图书馆馆藏资源丰富、体量庞大，借助先进的文献检索和通信处理技术有利于实施个性化信息服务。高新技术的发展还为高校图书馆个性化信息服务提供了技术支持和多媒体等电子载体，高校图书馆多媒体信息服务模式也在不断改变读者对信息服务模式的传统认识，改变读者获取信息的方式和习惯。

2. 满足不同层次读者的需求

高校图书馆作为教师、科研和人才发展的聚集地，在为教研人员创造学术著作、科研报告等研究和信息来源方面发挥着重要作用。高校图书馆应充分利用超越时空的信息资源服务，建立自己的网站或信息服务系统，满足高校读者的信息需求。高等教育的多元化导致人才发展形式的多元化，成人高等教育、电子学习远程教育或其他社会机构委托高校培养不同年龄、职业、性别的学生，对其进行短期培训。因此，高校图书馆对文献信息服务的需求具有不同的个性化特征。

3. 有利于高校图书馆长远发展

社会信息服务提供者根据市场需求开发各类网络信息资源，信息服务向专业化、个性化方向发展。高校图书馆需要加强自身信息服务建设，以读者需求为导向，提高信息服务质量，开发更高效、更优质的信息服务资源，加强个性化信息服务资源建设，优化个性化信息服务模式，为读者提供更好的服务，有助于图书馆加快自身建设的步伐。

（三）高校图书馆个性化信息服务提升路径

1. 宣传个性化信息服务理念

高校图书馆搭建个性化信息服务平台，目的是推广个性化信息和个性化服务，使其最大限度地被读者使用和接受。要达到这个目标，高校图书馆首先要加大个性化信息服务宣传力度，让读者了解个性化信息服务的内容、方式和效果，让个性化信息服务理念深植于读者的意识里，从而有效推进个性化信息服务。其次，在高校图书馆推进个性化信息服务时，要重点对目标读者推广。例如，利用学科馆员的优势开展目标读者现场演练、培训讲座，介绍图书馆个性信息化服务的优点和效果，带动目标读者积极使用个性化信息服务。图书馆又通过目标读者的切身体会来加大宣传力度，使个性化信息服务理念深入人心，养成读者使用个性化信息服务的习惯。

2. 整合各种类别的信息资源

高校图书馆不仅要关注图书馆实体图书信息的输出，还要关注基于网络的动态多媒体信息资源。除了用户对个性化的需求外，高校还应积极构建具有特色的文档信息数据库资源系统，加强独特的数据挖掘，为开发真正个性化的信息服务提供良好的基础。高校图书馆还应加强馆际之间的相互联系和交流，通过馆际互借和文献传递服务，实现资源共享。开展馆际互借和文献传递服务，可以节省图书馆经费、缓解资源不足给读者带来的矛盾。这样不仅降低了成本，而且减少了资源浪费，对高校读者教、学、研任务起到了很好的资源保障作用，提高了资源的使用效益，有效地提高了图书馆个性化信息服务质量。

3. 建立智能型个性化信息服务系统

高校图书馆应积极开设职工培训班，完善职工培训机制，提高职工综合素质。个性化服务是一项以时事性和互动性为特点的特色服务，严格按照读者的具体要求对相关图书馆信息服务进行处理，这要求图书馆服务人员不但要有较高的专业水准，还要有较高的分析、整合以及提取信息的能力。同时，由于高校图书馆的读者群体知识层次普遍较高，他们开展教、学、研活动需要的资源信息服务比较高深，要求图书馆服务人员具有一定的外语水平和计算机技术，能熟练运用现代科技为读者提供个性化信息服务。因此，高校图书馆建立智能型个性化信息服务系统不仅要有智能化的现代科技设备和信息化的资源，更要打造一支业务能力强、综合素质高的专业性复合型人才队伍。以人为本，确保个性化，是发展高校图书馆信息服务的关键举措。

4. 处理好个性化信息服务的反馈评价

高校图书馆在评价个性化信息服务的过程中，需要综合考虑信息服务体系评价、用户使用需求和使用条件、同行业竞争等诸多因素。高校图书馆要关注市场需求，及时处理用户反馈信息，建立健全合理的信息服务评价体系，更好地服务于个性用户的需求。高校图书馆处理好个性化信息服务的反馈评价，可以从几方面着手：一是开辟多种反馈渠道，并保证各渠道畅通无阻；二是图书馆及时做出反应，对反馈的信息及时收集、分析、归类并交由图书馆相关部门迅速处理；三是图书馆做到及时回复读者，能立即解决的问题要立即解决并回复读者，不能立即解决的问题要给读者解释，取得读者的谅解；四是图书馆要积极主动获取反馈信息，例如定期召开读者座谈会，当场解答读者的问题，听取他们的意见和建议；五是对图书馆服务与管理有积极作用的反馈意见或建议，图书馆要虚心采纳。当然，在创建个性化信息服务评论的过程中，要注意保护读者的个人信息。

四、高校图书馆信息服务能力评价

高校图书馆信息服务能力是图书馆服务工作的核心内容之一，因此，如何评价图书馆信息服务能力是非常重要的，它是高校图书馆构建信息服务平台的关键所在。这种能力是指图书馆根据读者的需求或要求，能将多种信息（包括显性信息和隐性信息）加工或者挖掘出来并能转化为满足读者信息需要的能力。这种能力体现在图书馆的硬件和软件两方面，硬件如图书馆服务管理系统中的设备、设施及仪器等，软件如馆员的服务能力水平、信息资源的数量和质量等。信息服务能力评价直接决定了高校图书馆的作用和管理活动的价值，决定了信息服务的有效性。信息服务效率是图书馆服务综合实力的外在体现。

高校图书馆信息服务能力由三个方面的能力组成：一是信息获取能力。该能力主要指取得读者信息的能力。图书馆不仅要取得读者的显性信息需求，还要获取读者的潜在需求，根据读者的全面信息，建立读者信息数据库，从而有效进行信息服务。二是信息组织能力。该能力是指对获取的相关信息进行分析、归纳和总结，将这些信息重新融合，从而满足读者的信息需要或服务需求。三是服务提升能力。该能力是指高校图书馆利用信息服务平台，将现有信息资源，通过信息采集、处理等活动将其重新整合，转化为核心资源和活动要素，提高满足读者需求和解决读者问题的能力。

（一）高校图书馆信息服务能力的特点

一是目标性。高校图书馆信息服务的目标是图书馆通过信息服务平台，利用资源信息、读者信息等提供令读者满意的服务。

二是价值性。信息资源是高校图书馆服务与管理系统诸多资源中最核心的部分，是服务得以进行的内容和保障。随着信息化、网络化的不断发展，信息变得越来越重要，高校图书馆信息服务能力也日趋提高。这种强大的信息服务能力可以为高校的教学和科研活动提供更多实实在在的帮助。

三是渗透性。高校图书馆的软硬件资源是高校图书馆信息服务的基础，当这些资源协同工作时，会给图书馆信息服务带来渗透性。因此，不同信息资源的组合效果直接反映了图书馆的信息服务能力，并贯穿于图书馆信息服务的各个环节。

四是隐藏性。能力是一个无形的概念，一个简单的图书馆资源不直接具有服务能力，它只能通过资源的整合出现。提供图书馆信息的能力在信息服务活动的过程中隐藏起来，只有在信息服务过程中才能体现。

五是间接评价性。能力、成就和目标之间存在因果关系。能力在信息服务过程中得以落实，可以促进信息服务功能的获取。在条件相同的情况下，能力与服务效率之间存在正相关关系，服务水平越高，顾客满意度越高。但是，由于能力的隐蔽性和渗透性，无法立即验证和显现，必须通过信息服务环节的检测进行间接评估。

（二）高校图书馆信息服务能力评价的过程

1. 准备阶段

高校图书馆信息服务能力评价过程的第一步是准备阶段。这个阶段主要包括评价对象的选择、评价目标和标准的确定。

根据对高校图书馆信息服务能力实施评价的目的，来选择评价对象，确定合适的评价目标和标准。评价目标的明确性不仅影响评价结果的准确性，而且直接影响到整个评价体系的合理化，因为无法准确衡量图书馆的信息传递能力，所以在设定评价目标时可以采用定性的方法。

2. 实施阶段

高校图书馆信息服务能力评价过程的第二阶段是实施阶段，是非常重要的一个过程。主要分为以下几个步骤：

（1）评价方法的确定

主要方法有层次分析法、模糊数学法、DEA 法、LIBQUAL+TM 评价法等。此外，还有一些用于特定方面的专门评价方法。

（2）评价信息采集和整理

评价信息与评价标准之间存在正相关关系，也就是说，参与评价的信息量越多，评价的结果也就越准确。

（3）指标体系的确立

主要评价指标可以根据影响信息服务能力的因素确定，原始数据可以通过专家和图书馆用户调查获得，最终评价指标可以通过灰色评价法选取重要项目进行评价。

（4）计算权重

权重是构成评价模型的重要组成部分，权重直观体现了评价指标的重要与否。

3. 处理阶段

高校图书馆信息服务能力评价过程的第三阶段是处理阶段，总结存在的问题并加以解决，是实施评价过程的重要目的。

（1）信息整合研究

必须使用科学的方法来总结在此阶段收集的数据。在规划中，要对图书馆的特点和存在的问题进行调查总结，确认特点，提出问题，它有助于图书馆工作的改进。

（2）结论总结

在信息处理的时候，必须进行有关结论的总结。

4. 检验阶段

高校图书馆信息服务能力评价过程的第四个阶段是检验阶段，主要分以下两个步骤：

（1）制定策略

评价的目的不仅在于取得结果，更在于提供整改建议，为今后的信息服务提供改进依据。

（2）建立在评价基础上的新一轮评价

评价既是对上一阶段工作的结束，亦是对下一阶段工作的开始。高校图书馆信息服务能力评价也是这样，以评促改、以评促建，通过评价来提高高校图书馆的服务能力和服务水平，促进高校图书馆的建设发展。

（三）高校图书馆信息服务能力评价的方法

1. 层次分析法

层次分析法是高校图书馆信息服务能力评价的关键方法之一，它通过拆解其他决策因素来界定预期对象，之后运用定性分析方法和定量分析方法进行评价。这种方法是 20 世纪 70 年代初，由著名的美国运筹学家萨蒂提出，后来被广泛用于分析复杂的结构性质问题。然而，一些对数据准确性要求高的问题，无法使用其分析，同时其存在一些漏洞，人的主观判断影响评价结果。

2. LIBQUAL+TM 评价法

LibQUAL+TM 评价法是一种基于用户的图书馆服务质量的定量评价模型，旨在通过用户反馈来评估和改进图书馆的服务质量。服务质量应该由读者的期望和感知驱动，可以衡量高校图书馆服务的绩效。对服务质量的最终评估是读者期望的服务水平与实际服务体验水平之间的差异。可以通过在线问卷的形式询问图书馆用户对图书馆服务的意见，使用可调整大小的网页来显示用户对图书馆服务的评价结果。2000 年，图书馆引入 LIBQUAL+TM 评价法进行个人控制、服务影响、信息检索和总体环境的四个领域的重新定义。LIBQUAL + TM 评价法的优点是网络搜集，它是一个强大的组织，使用户能够根据标准化的操作和评估方法了解图书馆服务的质量，收集广泛的图书馆评价，然后与同行进行比较，以提高图书馆服务质量。

第二节 高校图书馆信息化管理服务策略

一、开展图书馆增值信息服务

（一）高校图书馆与文献信息增值系统的关系

高校图书馆拥有数量庞大的文献信息资源，它是社会中获取文献信息资源的主要地方，而图书馆的一大功能即文献信息资源的增值。

1. 图书馆是文献信息中心

如今社会经济发展迅速，我国的图书馆在规模上逐年扩大。另外，我国还有许多虚拟化的馆藏，可以看出图书馆在当今社会中文献信息系统的领先水平与中心地位。

2. 图书馆是文献信息的整序中心

切尼克是美国图书馆科学家，他把图书馆定义为“组织收集的数据并使用”，以增加附加值为目标，仔细选择图书馆文献信息的高价值和有很好需求的信息资源，仔细分类，建立数字图书全文数据库。经过整理排序，两个或三个文件从一个文件中可以再生，并将参考书目、文摘、索引、摘要、评论和专题资料汇编等进行分类整理。图书馆将文档视为一个较为容易获取信息资源的组织。攻克图书馆文献信息转化的障碍，为其组织加工创造条件，实现文献信息的增值。

3. 图书馆是文献信息的增值中心

在信息时效内，信息可以重新使用和消费，从而增加其潜在的价值。文献信息的增值和图书馆服务人员的数量有很大关系，与客户自身素养、文献本身价值、信息整理排序的深度成正比。文献信息增值融会贯通于信息采访、处理、传输、应用等环节，更体现在整个图书馆事业中。对文献信息进行提供，不仅不会减少信息量，还会使信息量增多。读者和馆员使用文献信息以后，知识和财富越来越多，越来越多的精神产品产生于信息社会中。图书馆提供文献信息库的概念、系统、服务等方面的便利，将文字中信息具有的所有潜在价值转化为现实。

（二）图书馆文献信息增值服务的类型

1. 从信息服务资源类型角度划分类型

可分为馆藏文献信息增值服务、数据库信息增值服务、网络信息增值服务、信息咨询分析增值服务。

（1）馆藏文献信息增值服务。图书馆具备的基本服务平台就是馆藏文献，通过文献信息把具有实用性的专题信息筛选出来，使相对静态的信息转化成相对动态的产品，从而让客户享受到信息增值服务。

（2）数据库信息增值服务。文库内容不断扩大，信息量增加，因此信息产品也趋向多样化。各种各样的数据库也变成当今信息检索中一个重要的分支，是用户查询信息必不可缺的来源。

（3）网络信息增值服务。网络信息增多，内容多样，出新速度快，传播方式多，用户可以简单、快捷、方便地获取所需信息。这无疑为网络信息增值开创了广阔天地。

（4）信息咨询分析增值服务。随着信息时代的到来，用户对信息查询和解析的需求变大，信息查询和解析有许多查找源来查找信息，再对这些信息进行剖析、结合、简化等操作，以产生新信息。

2. 从文献信息增值与社会需求关系角度划分类型

可分为静态文献信息增值服务、动态文献信息增值服务。

（1）静态文献信息增值服务是指文献信息的静态增值。静态文献信息的内容被固定，不再容易改变，是相对静态的。比方说绝大部分被印刷出版的书籍报刊。从相对静态的信息着手更有利于检索的创新开发，即静态式开发。

（2）动态文献信息增值服务可分为动态文献信息的增值、文献信息的动态式增值。动态文献信息指拥有可以映射出最新状况的内容，将其固定于载体，更新快，比如市场上的最新信息快报、网络股市行情等。文献信息的动态式增值以满足用户要求为前提，对信息筛选加工而产生符合消费者需求的信息，从而可以使信息增值。

3. 从信息服务层次角度划分类型

可分为传统信息增值服务、知识增值服务。

（1）传统信息增值服务是指对信息筛选加工然后提供给用户。这类传统信息增值服务以信息加工传递为重要部分，寻找符合的信息为核心，增值能力有限。

（2）知识增值服务是指对信息筛选加工再创新，从而使信息更容易被理解、被使用，还能满足用户需求。知识增值服务中对知识的发现、转变与创新是核心，增值潜能高。知识增值服务在现代信息服务中有广阔前景。

4. 从信息服务者提供的信息对用户所产生影响的时间角度划分类型

可以将信息增值服务分为时效型信息增值服务、积累型信息增值服务、启迪型信息增值服务。

（1）时效型信息增值服务是指提供能够被当前工作利用的信息，完成信息服务的增值。

（2）积累型信息增值服务是指提供的信息不能被马上利用，但以后可能被利用，可以先积累以增加其以后的价值。

（3）启迪型信息增值服务，这类服务会对获取信息的用户产生知识、视野、思想等方面的影响。和上面两种服务不同的是，此种服务在当下不会产生巨大的效益，但对未来信息增值有一定影响。

5. 从信息加工的难易程度划分类型

可分为简单、复合、综合信息增值服务三类。

（1）简单信息增值服务是指图书馆把获取的文献信息资源只是简单加工处理，再根据用户需要提供给用户。

（2）复合信息增值服务是指图书馆把所获取的信息经过简单的处理、整理、结合，编写成文摘，为用户提供二次、三次文献的服务。

（3）综合信息增值服务是指图书馆根据用户的需求，用专业的知识、技术、信息和先进的方法搜索、解析、深入研究、整合信息，以提供符合要求的信息服务。

6. 从信息加工深度角度划分类型

可分为传统的信息增值服务、深度的信息增值服务。

（1）传统的信息增值服务。从很久以前，图书馆就开始通过利用馆中的文献来合成用户所需要的信息。比如专业术语、图书目录等数据，但是缺少了动态性数据库，也缺少一些新型数据库。

（2）深度的信息增值服务。即成立了一个特别的数据库。成立特色数据库是图书馆信息增值的重要途径。特色数据库就是整合、挖掘信息资源，从而可以增加信息的价值。因此，图书馆基于数据集的特征，根据其实际情况收集和组织信息，在相应的深化和深加工发展基础上，用不同的信息资源，建立专题数据库为专业特色的地区和单位形成独特的电子和信息产品。

信息咨询分析是允许用户信息的深加工产品，如数据收集，然后通过系统化、逻辑、数学模型等科学方法，深入开展分析，获得真实的、有用的信息，实现信息的价值。

7. 从信息增值作用或效果是否直接角度划分类型

可分为显性信息增值服务和隐性信息增值服务。

（1）显性信息增值服务是指信息获取者在获得的信息前提下，也会收获显著的社会或经济利益，信息增值结果显著。

（2）隐性信息增值服务是指信息获取者拥有的信息对自身产生了更为正向的价值效果，影响其价值观、品德、思维、智慧等。如图书馆运用远程教育使信息获取者的心理和教学信息相互影响，从而产生心理与知识上的同步反应。这属于正向增值，含有很大潜能，激发这种潜力就是信息增值，这种服务不会产生明显的利益，但对未来有极大的利益，它的增值将在未来实现而不是现在。

（三）高校图书馆文献信息增值服务的模式

现代社会是信息化社会，图书馆内的信息服务也要与时俱进，顺应时代发展需求，逐渐将重点从简单服务转化为信息增值服务。高校图书馆也要顺应时代变化，改变自己，如内部结构、运作程序、人员分配与管理方式。以下为信息增值服务相关的四种模式：

1. 个性化全程信息增值服务模式

这是为用户提供非常个性化的服务过程，并在过程中与客户不断地沟通和合作的信息增值服务。目前社会要求此服务更加精致，用户不再满足一般服务，要求提供与信息服务相关的解决方案，但需要高质量的信息，或要求相结合的专业知识在某一领域或分散在多个相关领域获取有用的信息。这些服务凝聚了知识、经验、心力、智慧等，是更高层次的服务。服务要求员工具有高水平的信息服务能力，全神贯注于过程，不仅是解决问题的过程，也是对用户的需求分析。因此，图书馆工作人员必须参与决策过程和用户的解决问题过程，建立系统的文件系统，为特定用户提供服务，根据特定用户的需求将其集合在一起，在提供全面服务和交互信息的基础上，采集、分离、加工、创新，结合使用。

2. 团队信息增值服务模式

因为服务是为了解决问题，而且用户不同使得涉及的专业更广泛，甚至有一些用户在越来越多的领域更专业，因此要求其有更高、更专业的知识和服务。为实现这个目标，有必要形成一个团队进行各种组织和开发服务。首先，整个部门需要一个强大的团队。可以考虑把社会生活中各方面的人才集合在一起组合成一个团队，尤其是吸收一些专业咨询专家，这样会提高整个团队的能力，增强竞争力。其次，要对用户的需要进行分类。用户是各行业的，需要根据他们的自身特点将其划分到不同团队。相应地，每个小组有一个合理的需要，不仅有专家熟悉的基本项目，也应该注重团队合作，互相补充，还包括每个项目负责人，我们应该清楚团队与用户之间的交流，一起讨论，找到解决办法。

3. 集成化信息增值服务模式

信息服务作为图书馆信息资源共享的一个组成部分，已成为图书馆馆藏、通信、计算机、网络和多媒体技术、信息服务的中心，以 HIML、XML 和 PHP 为核心，通过这些技术、互联网和开放式 IP 地址、在线数据库为用户提供资源。这种服务遍布世界各地，杂志等数字资源和商业信息都包含在图书馆中，将其提供给远程用户；采用智能搜索、下载、BBS 或 Web 表单等为用户服务。这种服务模式汇集了一种传统的与现代的技术和资源整合，是一种新的服务模式。实现顾客满意度最大化是一个漫长而复杂的过程，在整个机制的所有职能和规划、组织和实施过程中，只有评估服务，全面协调，才能实现高质量的服务。该模型主要建立了文献的咨询作用和功能，即搜索信息功能，用户只需在计算机前通过鼠标键盘就可以直接传输，或者通过在线访问所需的文档信息。图书馆服务的服务模式不是内部服务的简单相加，而是通过提高服务机制使读者获得最高满意度。

4. 专业化网上信息增值服务模式

建立数据库与专业的个人数字图书馆的信息服务和网络接口，使用专业的在线资源，提供特定服务。专业化为主的网站设计或数字图书馆，可以定期报告信息资源动态的最新情况。图书馆信息资源的特点和专业技术领域动态能提供及时和方便的窗口信息。企业可以获得专业化的电子资源分类和专业发展的搜索路径，或数字资源的组织和分配按照特定的方向和不同的特点自行组合服务。

（四）高校图书馆文献信息增值服务的原则

1. 以人为本的原则

以人为本的原则是现代图书馆的重要原则，这意味着人应该被视为图书馆管理的主要目标与最重要的资源，关注用户的需求和用户参与，同时要关注人力资源开发，用最好的方式满足要求。以人为本的现代增值更加注重知识信息的专业化、集成化、个性化，释放人的个性和能力，调动人的积极性。

2. 个性化原则

为了实现最大增值的图书馆信息服务，必须开始计划未来可预见的读者群以及读者们对信息需求的变化，再整合各种各样的资源与服务，使形成的服务适应用户的需求变化。应明确所有的工作是需要读者的，了解读者，关心、尊重、保护读者，帮助读者。

个性化是未来图书馆信息服务的目的。用户选择的多样化和个性化，会使知识与信息差异有显著性。因此，它是利用网络的独特优势提供定制的信息和知识的过程。

3. 时效性原则

随着知识的更新，信息资源效用会逐渐减弱，直至消失。知识和信息的及时性与其价值直接相关。主要包括两个方面：一方面，它指的是知识和信息的及时处理；另一方面，知识与信息的发送时间的及时性。

4. 科学性原则

科学性原则指在信息增值上遵从信息的运动规律，根据用户要求，结合其原理和特色，运用更科学化的方式提供服务。比如，给用户提供的信息的针对性、客观性、公正性、真实准确性、实效性。

5. 创新性原则

创新知识来源于信息。创新的原则指先清楚用户的需求及其变化，再由此改变自身的服务范围、服务对象等，不断进步更新，顺应时代，创新服务种类。创新不仅仅是知识或技术的进步，还是顺应市场需求的变化。

（五）高校图书馆文献信息增值服务的方式

1. 文献信息深度开发

开展信息深度开发包括以下几个方面：一是开展定期开发和跟踪开发；二是文摘的开发；三是目录、索引的开发；四是综述、述评的开发。

2. 数字化资源建设和特色数据库开发

信息增加价值效果最显著的方法是通过信息，网络，智能化、数字化的管理和信息处理，借用最先进的设备完成。而挖掘并使用信息资源的基础是那些具有独特内容的数据库，它是根据一些学科特色与地方特色的各种文献开发的，称为特色数据库，其在数据的基础上进行加工，并且具有很高的价值。数据库内容包括文件处理电子文献，地方特色文献，区域经济、政治、文化、科学、技术、文学、风俗和历史古迹等。

3. 专业代理信息检索

随着网络的发展，越来越多的人难以找到确切的信息。在当下的网络中，所有类型的用户希望获取有效的信息，他们要求准确地回答他的问题，而非一个任意的答案，更不是相关的信息或线索出现。这种现象孕育了专业代理的信息检索服务，信息技术的飞快发展使其拥有更大的发展空间。数据检索服务主要是来实现用户需求，如数据资料。除了一些较为原始的检索方法如纸张文献检索，还有包括计算机检索、光盘检索、网络信息资源检索、通信网络等现代化方式。信息检索服务在网络上利用复杂的信息技术，快速、准确、方便地进行服务。

4. 信息咨询

它以交换的信息为基础，并提供高附加值的服务。根据不同的用户要求，运用自身能力，特别是知识、技能和经验，解析、结合，然后转换一系列的活动并创新，为用户提供专业的、最好的线索、方式、办法，从而使信息和知识可以转化为生产力，促进经济发展。信息咨询是在网络环境下人们通过多途径调查，并结合不同类型的数据资源、网上信息得出的结论来指导实践，最终收获社会经济效益。

5. 个性化信息服务

个性化信息服务是指利用现代信息的技术与资源，为用户提供信息和服务，用户可以根据个人的信息需求提出各类要求，同时这也是一种延伸、深化与谋新的传统服务。针对不同客户，应用不同种类的服务，并提供不同形式的服务过程，拥有个性化的时间和空间。

二、开展图书馆知识服务

（一）高校图书馆知识服务观念与方式

原来知识服务的意义在于提高认知和组织服务，在知识经济发达的今天，已成为一种新的服务观念，目的是对信息资源有更深一步的开发和更深层次的利用。通常决策机构、科学研究课题组或研究者个人是知识服务的对象，但是知识服务是以对信息的查找、总体分析、语言组织、改变组合的能力和技能知识为基本原则，接着根据用户所在的知识环境的不同，深入到为用户解决问题的实际应用过程中，并且给用户提供足够的知识应用技能和知识创造方面的技能。针对知识服务与传统知识信息服务的不同点，其体现有以下两方面：

1. 图书馆知识服务观念

（1）知识服务是面向于用户意愿的服务，其注重的结果是“通过我的服务，您的问题是否解决了”，而不是“您需要的信息我是否提供了”，而信息的结果、根本、重点则是信息资源的传达和获取。

（2）知识内容驱使的知识服务。它很注重用户需求分析的结果，以不同的问题环境和不同的问题为依据，提供给用户相应的需求，符合用户知识需求的知识产品可以通过对信息的具体分析和重新组合来合成，而且可以对知识产品做出相应的评价，所以又叫通过逻辑分析获得的知识服务。然而古老的信息服务与之有很大的不同，其是根据以物理方式获取的文献和用户的简洁提问来服务的。

（3）解决方案驱使知识内容的服务。它的专项是给用户提供不同的解决问题的方案。因为为用户提供解决方案是对信息和知识作用的最具体体现，而构思解决方案过程是一个对知识和信息有一个全面了解的过程，它包括筛选、组织、分析、综合等步骤，形成和完善解决方案是知识服务开展的中心。而先前的信息服务只能解决具体信息的提供以及具体资料和文献的供给。

（4）知识服务以提供解决问题的方案给用户为宗旨，贯彻于信息知识的查找、筛选分析、捕捉、拆分组合等整个过程，定期与客户联系，关注客户的需求，并及时地提供解决的方案，满足用户的需求，没有先前的信息服务的固定服务流程和“快递流通只管一步”的局限性服务过程。

（5）增值服务驱使知识内容的服务。它发挥和利用知识服务特有的能力和知识，对现有的知识文献等进行更深一步的加工，从而形成可以为用户解决力所不及的知识问题，提供更有价值的信息产品。其渴望自己的产品与服务能够通过知识和专业技能为用户创造价值，并使之成为用户投诉问题的主要途径之一，也可以提高用户对知识的运用的能力，提高使用创新知识的效率，还可以通过帮用户解决非常难或很关键的问题、麻烦来实现其自身价值，而不是单纯地通过利用资源，进行大规模化生产、“劳动”服务等来体现自己的价值。

2. 图书馆知识服务方式

（1）知识服务不是以信息网架为基础和与用户系统相隔离的服务，而是深入了解用户需求和贯穿用户制定策略过程的服务。它需要业务人员与用户保持高度的联系、配合，就和特别招聘的项目管理人员、主治医师、法律对口顾问等一样，形成一种有整体感且有形的人员关系，创建一种为用户过程负责或为个人用户负责的责任机制。

（2）知识服务是针对用户个人进行完整的服务，是具有专业性质的服务，而不是大规模地进行服务，大批量次地服务。其专业化主要表现在对人员有严格的专业化要求，必须按照具体的要求和具体的过程，提供给用户具体的、相对应的知识服务，从而和用户有良好的联系且和用户有很好的沟通，保障为用户提供策略的过程的完整性和完善具体的信息服务。

(3) 知识服务已不是利用固有的资源进行服务的服务，不再是依附于功能多样化的资源系统进行的服务，而是包含虚拟的服务成分，充分合理地利用各种资源、系统来达到知识服务过程的完整和知识服务功能的完善，所以知识服务不会被任何一个系统或图书馆所局限或包含。

(4) 知识服务不再通过丰富全面的知识系统或大而详尽的服务来吸引人群，而是通过综合、系统的服务方式来吸引人们。它遵从开放式的服务方式，通过系统合成、团队协作、集成服务等各种各样的方式方法来组和、调节，接着利用各种条件，例如资源、员工、各种各样的知识系统服务等，来为用户提供知识服务。

(5) 知识服务不再是基准化和商务性的工作，而是创造创新、自主的服务。它规定提供知识服务的人员必须能够通过了解每一个工作的实际情况变通地搜求、筛选、了解和使用各种各样的知识，变通地创造、集合、统筹、协调和安排相关的成品的状态和服务工作，要求知识服务人员树立自己管理自己的意识，具备良好的调节状态，形成改革创新精神，拥有自主研发能力和管理能力，并且要创建相应的管理体制。

（二）图书馆知识服务的发展历程

现今，图书馆提供的是以用户为中心的服务，而不是以文献资料为中心的服务，从以前的服务于基层到现在的服务于高端，从以前的信息化服务到现在的知识化服务，经历了曲折悠长的过程，通过这一过程的改变，慢慢形成了信息化的社会环境，不但使不均衡的信息资源的分布有了明显的改善，而且连带着信息的获取方法都有了显著的改变，从前的服务与信息的方式逐渐地走出了用户的视野。同时，由于市场经济的强烈冲击和信息技术的创造建设，各种各样的信息服务系统都慢慢地向网络化靠拢，在这样严峻的情况下，信息的服务平台与用于学术交流的信息系统重组便形成了将来的情况，这体现出图书馆正面临着巨大的危机，可能会丢失以前的大量客户，处于市场的低下地位，在提供给用户的信息运动与社会学术资源交流系统中，以前的市场高地位将会受到大的冲击，从而丢失其地位。图书馆要解决这些问题，就要有足够的信心，迎难而上，打造高品质的服务。

通观图书馆的发展，人们知道在当今社会的各领域中，剧烈的改革会引起用户对知识信息需要的改变，这才使图书资料机构的服务变革与知识创新发生了改变。为了维持并发展在用户信息活动中的智力贡献、效益贡献和影响层次，高校图书馆必须在新形势下，于知识服务工作中注入新的内涵与内容，真正增强自己的能力。

（三）高校图书馆知识服务的特征

1. 以用户为中心

知识服务是为使用图书资料等机构的用户服务的，所以最后会由他们来评价知识服务品质的好坏。完善知识服务的根本是“以用户为中心，满足用户知识的需求为目标”，图书馆的一切重要工作和各种服务活动都要以其为最根本的出发点，通过它来变通地了解用户的知识需求，总结什么是用户想要的知识的规律，再以用户的实际情况向用户提供最合理、最有用的知识信息，然后就能够提供理想的知识产品，从而提升服务的准确程度，把对图示资料机构的知识进行合理充分的利用，加入处理用户问题的过程，从实际角度出发解决用户的问题，使用户能够迅速地获得知识并且解决实际问题，使用户能够满意。

2. 突出个性化

以服务用户的角度来看，知识服务是为用户解决问题的最好的知识策略，不同的问题会发生在不同的人身上，若用户要解决一样的问题，会受到环境因素的影响，故知识服务要提供给用户不同阶段相对应的方案策略，所以为一个用户提供的方案是会随情况而改变的，且不是唯一的、特有的。通过对用户具体的信息了解和需求了解，可以建立个性化的知识服务体系，采用适当的服务方式来针对性地为用户解决难题，寻求知识，提出具有针对性的解决方案。

3. 实现知识价值

对知识的使用是知识价值的重要体现，并且知识被使用的频度越大，它的知识价值就越高，越容易得到表现和提升。知识服务可以通过搜索大流量数据里面的可用信息来解决用户的知识需求和解决难度较大的现实问题，接着对消息进行筛选分类，对消息进行详尽的描述来展现信息的内容，解决发现的相关的知识联系，从而找到与之相对应的用户需求的知识，还要使用户接收到知识的内容，并且用有效的方法展现给用户。

在对知识的组织编造的基础之上，知识服务提供给用户知识，之后是用户对知识的应用，在运用它们的同时，达到知识价值的实现，知识服务的效果也展现出来了。

4. 系统集成性

使用知识服务的要求是将知识、人才、技术等信息资源有机地结合在一起，知识服务与图书资料机构的结盟是被提倡的，创建相对和谐的对外开放的组织体系，采用虚拟的产生方式，集合成多种多样的信息资源、劳动力、科技技术和信息系统，从而达到信息服务的集合化、系统化、层次化和全面化。在具有整体性的系统服务中，人是一个不可或缺的部分，有着不可替代的作用，这也是整体综合集成不同于一般集成的地方。知识服务人员是提供服务的主体，需要较高的能力，既要有集成资源能力，又要有集合调节能力。知识服务的特性要求知识服务具有更好的协调性和自主性，升华了知识服务的成果。

（四）高校图书馆知识服务的目标

知识创造为知识经济发展提供最开始的动力，同时知识服务也以知识经济为中心，并且创造知识是知识的一种换代过程，它不仅需要相关的研究部门进行知识的创新，还需要工作人员和相关的机构对信息进行收集、加工、分类、完善，完善知识的应用。在图书馆的发展历程中，知识服务取代了原先的信息服务。然而知识服务是一种进行知识的传播、更新换代的服务方式，在数据图书馆中的知识服务是以原先在图书馆中的知识服务为基础，应用几种整体性的知识技术和综合性的网络技术，提供给用户一种数据性和网络化的知识且具有价值的行进历程。其包括了数字化的咨询服务，以网络化、个性化的知识服务为领导，以制定信息策略、进行信息创新以及网络共享服务等为基础。以图书馆展现出来的功能来说，前提是知识创新，目的是知识服务。

知识服务依靠图书馆为知识的源头，并且成为知识的获取媒介，并且与网络服务相对接，提供网络参考询问服务，运用知识营销相关的理论与方法，成为“知识管理人”。在知识经济的发展浪潮中，鼓舞用户运用知识和知道了解知识是怎样开创的，把图书馆作为知识应用的中心。图书馆展现它的使用价值全在于它的中心地位，所以要使以下的目标达到要求。

1. 拓展用户满意度之外的空间

为了满足拓展经济以及创造性知识的需求，知识服务会以用户的现实状况为标准来搜索和选择相关信息，然后整理已经存在的文献来获得新的知识文献，为用户解决用户不能解决的问题。知识服务的目标和完成方式是知识创造。知识服务通过梳理知识之间的相互关系和把握知识之间的联系，向用户提供有利用价值的信息，知识服务挑选出重点来满足其信息来源。

2. 形成与完善解决方案

知识服务的核心和目标是提供给用户能够解决问题的方式。向着此目标对知识和信息不断地进行查询、分析、总结、创造、合成是知识服务的服务方式。为用户提供能够为用户驱使的解决方案，可以达到满足用户知识需要的目的。

3. 面向曾经服务的努力

知识服务隶属于增值服务，具有技巧性地应用独有的知识和技能，加工文献，使之成为有新的价值的信息产品，解决用户不能够自己解决的问题；运用自己的知识和技能，创造出可以为用户服务的价值，达到提高用户的知识应用能力，达到知识创新的显著提升，达到了获得价值的目的。

4. 服务内容个性化的方向

知识服务十分注意解答用户的知识需求，强调掌握用户的习惯和个性化信息，主动为用户提供其可能需要的服务。个性化服务提供高品质的知识信息。同时，更强调用户对知识服务的品质和数量的满意程度，努力让用户对数量以及质量的满足度达到极限。

（五）高校图书馆知识服务的运营模式

到现在为止，虽然图书馆的知识服务方式还处在摸索相关理论和进行实践的阶段，但是参考其他类型的服务经验和图书馆资料机构探求到的知识服务结果，高校图书馆能够制定出大体的知识服务运营模式。

1. 参考咨询服务

图书馆的知识服务以参考咨询服务为基础，通过提供咨询服务来提高图书馆的信息服务，并达到体现其中心地位的目的。为保证咨询人员对专业人员和资源的掌握，将他们进行专业分工，强化咨询服务的剖析性和智力化，根据咨询的问题进行分类分工，集成化地管理馆内以及馆外的咨询资源，利用技术机构来提高咨询服务的集成化，利用有效的技术支持和工具来使内容和重组信息的咨询及有效的分析得以保障，利用保持个人的接触频率和跟踪的服务效率使用户更加信任咨询服务。

2. 专业化信息服务模式

高校图书馆专业化信息服务模式是指根据专业服务范围来组织相关的信息，使用户对信息服务的需求得以满足，支持程度得到提高。例如，许多国外的高校图书馆都在运用垂直组织方式，彻底改变了通过业务过程分配人员的方式，图书馆的一些特定馆员都要完成特定范围的知识资源的建设服务和用户需求的分析、组织服务以及用户教育服务等。我国一些高校图书馆则采取特殊部门管理特殊学科知识服务，例如，一些高校图书馆组织一部分学科馆员和硕士、博士馆员成立一个专门的专业化信息服务部门，他们专职负责学科知识的分析求解、信息资源的查找分析、信息的检索和上传、参考咨询以及课题服务等，而图书馆其他部门则各司其职，如采编部负责资源的购置和纸质图书的编目加工，流通部负责纸质文献的借阅服务等；一些高校图书馆指定特定的馆员定期到各个院系中提供知识信息的联络服务，负责一些与本院系相关的信息需要、跟踪分析、建设信息资源、信息搜索以及提供咨询服务、教育用户和解答信息系统建设的相关问题等工作；还有一些高校图书馆是以网站服务的方式进行，建立不同专业的相关网站，在这个网站上有专业化的信息搜索方式，提供专业化的检索工具，图书馆专业相关的论坛和研究、会议的进行状态、专业的报告和知识咨询频道等，使其成为创新型专业化的信息服务中心；有些图书馆还实行为重要用户和任务提供特殊服务的方式，提供信息、课题资源咨询服务，保证服务的个人化和服务的一体化以及智能化、预测精准度。

3. 个人化的信息服务模式

个人化信息服务模式一方面针对用户的问题提出详尽的解决方案，另一方面也将其加到系统以及组织体制里面。创建个人化的信息知识服务平台，根据用户的知识了解范围以及知识的应用灵活度进行分析搜索，优化分析搜索的过程，更好地检索出结果，并且有效地把其他的服务和个人界面连接起来，形成“用户的图书馆”，帮助用户创建个性化的资源系统，还运用图书馆的系统支持功能或者个人专业化的信息教导系统和课题信息的支持系统等类型的资源系统。

4. 团队化信息服务模式

高校图书馆信息服务涉及的问题主要有内容繁杂、方式多样、读者结构不同等，因而信息服务通常是通过团队和多人员、多方面来完成任务的。总体来说，它包括两种形式：一是高校图书馆通过团体合作来完成服务，就像搜求资源、分析组织信息、参考咨询、读者培育和信息技术支持等需要团队协作，结成小组完成任务，或者将一些相关专业的馆员组合成一个小组来为读者提供信息服务。还可以将大学生读者协会和图书馆某些服务人员组成一个团队，用他们丰富的经验和熟练的业务知识提供信息服务。二是高校图书馆派馆员深入各院系，充当搜索教、学、研活动需求的信息服务联络员，切实提供及时有效的信息服务。

5. 知识管理服务模式

站在用户的角度和立场，进行知识收集及收获管理；包括对外围知识的追寻、搜求、检索和收集，对内部的知识——隐藏知识的跟寻和被吸收；进行知识的组织和搜求治理，应用相应的搜求信息及数据库运用技术，在错综复杂的知识信息流中找到新的知识要点以及发现知识信息间的联系，将它归入到一定的信息组织的系统中，并且应用计算机和网络相关技术使工作人员能够较为快速地搜求相关的信息资源和数据；进行知识的流通和相应的传递处理，应用数据库、网络系统、相关的工作流程管理系统等工具，使工作人员能够快速地与其他人进行知识信息的交换和应用，达到广泛且及时的资源共享与交流，使知识的寻找者与知识的提供者之间能够精确地进行传达与匹配；使用专家系统进行知识处理，特别的分析工具、方案的支持系统等为工作人员对知识的了解和运用提供方便，使知识的管理系统有机地结合到平常的经营过程中，并且使新知识点快速地改编到完整的管理知识系统中；进行分享知识资源和创造知识新环境等的处理，创建和进行各种各样的处理手段和机制来支持工作人员，使其能够共享知识和进行知识的创造。然而，将来良好的知识服务将是上面所述的各种模式和其他可能出现的模式要结合和挑选的对象。值得一提的是，知识服务不仅会支持以藏书的创建和编写文献的目录、检索和交换流通性的阅读为基本的图书馆资料服务，更会支持网络信息服务。虽然这些服务在将来不再可能表现出图书馆的资料机构的中心地位、专业的发展方向和具有特殊性的内容，它的重点将会转移到强硬的后台支持服务，使知识服务得以继续，但是知识服务在将来会是人类的时代标志、创新标杆、市场重点、比赛基础以及“利润”的所在。

（六）提高高校图书馆知识服务效率的策略

知识服务将知识资源作为支柱排除在外，还把改编知识顺序的活动当作基本。此外，还要把用户的活动作为依靠，知识服务大体的编制结构与进行知识服务的环境在一定程度上会影响知识服务的质量。目前，许多图书馆重视前者，却忽略了人类活动、编写知识服务的结构、改善指数服务的服务环境，故编写者要对相关问题进行展开性的研究讨论。

1. 加强人力资源保障力度

大体上来说，数据不能自己转变为信息，信息也不能自己转变为知识，是人将信息转换成知识，增值强度依据人的隐藏知识的不同而不同。隐藏的知识的使用成分越高，增值强度的程度越大。换一个角度来看，图书馆馆员是知识组织的保证者，又是知识服务的受理者。所以，知识服务的保障是人力资源，一定要重视人力资源的开创问题。

加大队伍的创建。如果图书馆想进行有效的知识服务，如果想站立于市场的顶点，最重要的是培养具有高素质的市场人才。知识服务是以提供给用户行之有效地解决问题的方法为目标，而不是单单贡献文献资料信息，所以这就需要更高素质的工作人员。因此，图书馆一定要创建一支具有高素质的人才队伍来进行知识服务。知识服务的概念是新型的，以人力资源与智商资源为根本。与以前相比，知识有了全面的革新，更具网络化的性质，而只具有知识信息的处理能力、只会电脑专业知识的人员和只会外语的人员尚不能完成知识服务的供给。知识服务迫切需要的人才是同时具备信息处理技术与服务观念的综合性人才。因此，除了加大引进、培育综合型的知识服务人才外，更要大力提倡合作精神，营造深厚的集体学习氛围，引导、提倡他们自主学习，增强他们对现在的知识信息技术、网络相关的知识以及现在的集合理论和方法的学习意识，提高知识服务人员应用知识、创造知识的整体性能力。

提高馆员的素质。现代知识服务的最大特点是有高素质的员工。知识服务对馆员的素质和相应的知识能力方面具有很严格的要求，因此知识服务人员要加强学习力度并且坚持不懈，提升自己的综合素质能力。首先，应具备知识解析能力与策划能力，这些是进行知识服务工作所需要具备的先决素质能力。知识分析能力是指能够构建用户知识的框架，并且与社会上的知识体系相链接的系统分析的能力，能够快速地搜求到用户所需的知识。策划分析能力是以解析用户的特殊问题和分析相关知识为根本，提供能够解决用户问题的方法，从而达到正确策划的能力。其次，需提高组织集成知识和创造的能力，这是知识服务的基本。知识服务根本上是以知识分析和应用为基本，依据信息里的知识发展，合理集合和有效开展使大量的信息得到解析。在现代的网络知识的时期，面对以网络为载体的信息资源、创新性观念的客户、新范畴的知识，知识服务人员必须要有较高的业务水平和认真工作的能力，成为知识服务的引领人、创造者和专家。

2. 强化图书馆的组织结构

“组织”这个词有两种词性，即动词与名词。如果想要提升知识服务的品质和效率，只注意作为动词的知识的集成是不能满足要求的，更要注意名词性时创造相关的知识，即创造一个知识服务性的图书馆，从另一层面鼓励知识服务。创建一个对口知识服务的组织，可以在非常大的程度上提升知识服务的水平和能力，使组织健康可持续地发展。

创建针对知识服务的组织框架。一般来说，组织体系的掌控方式是组织结构，主要关联组织内的各种各样的组成因素和因素间的相互关系。以提供更好的知识服务为目标，图书馆在创建组织结构的过程中，一定要把关爱以及满足用户的需要作为目的，将先前的组织系统和服务效果进行彻底的考虑与重新设计。使用现在的信息技术和对信息管理的手段，尽可能地完成服务与管理机能上的合成，创建注重过程的结构，改变服务的功能与环境之间的联系，使之变得更好，进而提高服务的效率与品质。这就使得图书馆一定要创建多人多策略的机制，提高组织体系的执行效率，一定要加强内部改革的力度，加入分权体制，保证有专业化知识的员工享有应有的决策权，降低知识以及信息相互传递的成本。知识类型的服务应该是横向发展的网架结构，具体来说就是把分散的服务流程合理性地联合在一起，使不同部门间的界线淡化，建立柔性的组织结构，在根本上打破原有的、根深蒂固的金字塔的组织框架，使组织方法成为具有柔性的、依靠管理系统的、大力支持的网络构架。非常多的图书馆的管理方式都是中心集中型的，不能使部门的工作积极性得到提升，不能使员工的潜能得到充分的发挥。图书馆建立针对知识服务的组织框架的关键点首先是使本部门上下级之间的界线淡化，以用户为中心重建组织结构，强化整体协作的作用，整个工作流程按照决策工作组的指挥进行，而不是按照上一级的命令进行。其次是要使图书馆的工作分工的界线不那么明显，以用户为工作中心，构建组织结构，把工作任务相近的部门进行连接重组。与此同时，更要注重发现新的工作任务，并且使用户成为图书馆业务工作的中心，而不是以机构为中心，改变任务驱动方式，摒弃以前的服务驱动方式，改为采用以用户驱动的方式。

建立对知识服务组织的文化。知识型组织中的一个重要特点是具有非常强的创造能力和组织变通能力。只有技术上创造新的组织结构是远远不够的，还要建立“以人为本”的组织结构文化，来形成组织的精神内聚力，才能使图书馆成为有利于知识共享和创新的相互协调的系统。图书馆馆员应该不断地接受创新、共享、协调发展的知识，强化意识，因为创新、共享知识、协调发展是一个关于文化的组合，知识服务人员要有自觉性，提供无形的协同凝聚力给知识组织，使知识组织能够完成任务，继续创新，从而营造一个创新、共享知识、协调发展的文化气氛和环境。

3. 促进知识服务与 Web 2.0 的结合

第二代互联网是互联网的一种思想系统和理论的升级换代产品，它从原先的从上级到下级的、由少数具有资源的掌控者来掌控的互联网体制转变为从下级到上级的、由用户集成的智慧和力量掌控的互联网体制。第二代互联网以用户为中心，为用户的参与创造性提供条件是它的中心理念，从而达到更好地转变互联网的体制内容与信息，使之变成社会性和联系性用具。第二代互联网不仅仅是一种技术，更是一种认真的态度，最为明显的态度是“创造、人为基本、开放、经济实用、易用”。但是互联网是一种网络应用，第二代互联网的目标是使用户能够接收有效信息并且能够有所应用。“两个人为核心”是它的核心特点，把个人当作中心。个人的力量在 Web 2.0 中得到很好地发挥，第二代互联网时代是个性化最大的一个时代。相比于作为被动的客体，第二代互联网是个体深入到互联网当中，以自我组织为核心。第二代互联网发出的是自我组织形成的力量。自己创造属于自己的内容空间，个体与个体之间以及个体凝聚的团体与团体之间都是靠自我组织建立起来的。

最终评价知识服务的质量要以图书馆用户知识的评价为基准对象。以用户为核心，提供给用户充足的知识需求的目的是知识服务的基本原则和特性，这些特点均是图书馆服务工作的基本出发点，可以随时获知用户的知识需要，研究用户知识需求的规律，以实际为基本，提供给用户精确、丰富的知识信息，提供给用户加工后的知识产品，加强服务的特别性，充分利用图书馆的知识资源和智力资源，使用户参与解决问题的过程，为用户提供能够快速查找到的有用知识，相应地可以把知识应用到现实当中，使用户满意。然而以人为本是第二代互联网的精髓，第二代互联网是以满足和实现用户的需求为首要任务的服务。因此，第二代互联网和知识服务在理念方面具有统一性，为两者提供相通的基础。

在当今时代，单纯地被动接受所需的知识信息已经不能满足高校图书馆的用户需求，更多的用户希望拥有自主性信息，而交流空间的扩大在很大程度上与他人分享了知识信息，可以更好地举办创新活动。多种 Web 2.0 的服务，尤其是 Rss、Wiki 和 Blog，在满足了用户提出的新要求的同时，还为高校图书馆提供了网络环境下拓展的信息资源，扩充了图书馆的服务功能，使图书馆的服务理念得到提升与发展，网络上的巨大的 Web 2.0 信息资源数据库也可以是高校图书馆扩充馆藏的一个重要手段。一方面，图书馆可以进行相关的尝试，比如把 Blog、Wiki 和 Rss 等技术引入到服务体系中，就可以创建一个知识共享与交流的平台，让用户与用户间、用户与馆员间、馆员与馆员间的互动、交流更方便快捷。另一方面，图书馆应该将多种 Web 2.0 的内容引入到“馆藏资源”中，增加馆藏的内容。将 Web 2.0 的内容引入到“馆藏资源”的时候，我们需要时刻关注信息质量把关的相关问题。这是因为在 Web 2.0 背景下，信息发布比较随意和自由，导致部分信息质量不高。而为提高信息内容的质量，图书馆可以通过组建以多个管理员参与的专门监控质量的团队，来对信息的内容进行控制与过滤。他们的工作与守门员相似，但使用的掌控时间阶段和守门员的预先掌控是完全不同的，知识是发表之前就要被筛选与挑选的，而管理工作人员则是事后筛选的。信息在筛选后可以保证信息的自由发布，能够在一定程度上保证信息的高品质。

第三节　大数据在高校图书馆中的应用

一、大数据技术对高校图书馆的影响

（一）大数据时代高校图书馆面临的挑战

纵观现在对信息资源的利用需要和信息技术的发展状况，理解什么是大数据，必须掌握的内容之一就是在大数据时代高校图书馆所面临的冲击与挑战。

1. 数据量的增长对存储能力及计算能力带来挑战

在瞬息万变的数字信息环境中，数据成本的降低导致数据量快速增长，而新数据源和数据采集技术的出现则使得数据类型迅速增加，因为生成非结构化数据，使数据变得更加复杂，大数据的使用和大数据时代的到来成为社会发展的必然趋势。这些变化给高校图书馆文献信息服务带来了很大的困难和挑战，图书馆当前的数据技术已经不能满足大数据应用和信息服务的需求，也无法满足大数据科学研究和图书馆新型信息服务的发展需求，所以创新性地改革信息服务的整体结构是非常迫切的。

2. 常规分析向广度、深度转变

高校图书馆知识服务体系创新与完善需要支撑点，数据分析是不可或缺的。为了应对高校图书馆未来所面对的生存危机，在行动上要主动准备。图书馆除了需要通过数据来了解现在的知识服务过程之外，更要对将要发生的事进行预测和分析，它需要使用数据科学研究和创新协作流程、交互式知识服务流程。分析任务包括时间序列分析、数据分析、社交媒体分析、大规模图形分析、移动平均线分析，它涵盖了许多领域，分析具有广度和深度。另外，它还包括常规分析。所有这些都值得补充。

3. 数据量及复杂性对基础设施提出更高要求

存储及计算规模不得不随之增大是因为数据量和非结构化数据的显著增加会增加其成本。考虑到成本问题，对支持存储和分析的基础设施提出了很高的要求。应用程序从高级服务器转移到中低端硬件计算机，知识服务机构的知识服务逐渐增多。第一，大型分布式数据公共应用程序设计的基础设施需要分布式存储和计算需求。第二，存储和计算机功能极具成本效益，需要完整的功能，包括访问和存储、分析 TB 和 PB 级的数据，还需要智能分析，以减少数据足迹。第三，还需要另一个网络基础设施来将大块数据集信息复制到服务器节点集群中进行处理。第四，需要一个具有可靠的应用系统的软件和硬件基础设施。第五，需要一支技能熟练的智慧型人才队伍负责图书馆大数据研究及处理。

（二）大数据时代高校图书馆在观念和技术上面临的难题

大数据服务现已在高校图书馆服务中引入。但也要认识到，大数据不可能关注每个高校图书馆对结构化信息资源的需求，人们需要意识到经济高效地创建有关非结构化数据分析的重要性，从而使高校图书馆知识服务可以扩展以迎合这一势头，所以这是一种最具颠覆性及创造性的引进。非结构化数据分析是一种创新资源，在揭示重要相关性之前很难或几乎不可能确定。作为其在图书馆和信息领域的技术推广战略的一部分，它旨在增加用户数量，了解有关教育工作者和知识服务的更多信息，目标是获得更深入、更精确的洞察力，最终提高图书馆的容量，从而提高图书馆的核心竞争力。与过去相比，随着时间的推移，大量数据可用于快速做出重要决策、掌握最新的知识服务、快速调整岗位、应用新知识抓住服务机遇。就像第一次接触数字图书馆、图书馆 2.0 和云计算技术一样，图书馆界发出同样的质疑，高校图书馆在研究大数据时，也不可避免地遭到了多方质疑，有必要对大数据时代图书馆所面临的问题及机遇进行一些讨论，这是为了提高高校图书馆乃至其他图书情报领域在大数据时代所要掌握的技术，把知识服务的成本降到最低并在最大范围内提高知识服务能力。首先在思想观念上，有三个方面的问题值得研究者们深入探讨和反思。

（1）虽然高校图书馆馆藏的数据量很庞大，但是图书馆正在不断减少可分析数据的百分比。针对这个问题，高校图书馆只有利用技术优势和数据分析技术，才能增加分析数据，提高知识服务的智能决策能力。

（2）针对数据分析和应用现状，高校图书馆缺少将数据转化为知识的意识。例如，面对那些“可能是机会的数据”的时候，研究者们都没有意识到将它们转化成知识，更没有将非结构化数据进行持久化处理和深度分析。

（3）如何去了解、监管和解析图书馆所拥有的各种类型的结构化、半结构化以及非结构化数据，这是高校图书馆或研究者们亟须解决的问题，但是最重要、最迫切需要解决的问题是如何去建立那些软硬件一体化的大数据统一的解决方法以及数据和知识的储存、获取、分析、组织和决策的大数据的决策方法。

此外，大数据技术对高校图书馆来说依然是一种全新技术，它还没有被市场验证和核实，所以在实施大数据计划时，高校图书馆一定要考虑以下几个方面的技术问题：

（1）哪些数据应该属于被分析和预测的大数据的范畴？

（2）图书馆需要计算投入的人力、物力、财力、发展张力以及能够获得的回报等，这些是否符合其图书馆的发展规划？那些需要被分析的、数量庞大的、非结构化的静态和动态数据是否真的具有所需的价值？

（3）非结构化数据是数据的来源，其受类型、时间以及空间的影响，在结构上没有固定性，因此赋予了各种特征和表现形式。同时，运用不同的数据，获取存储、组织、分析和决策技术，这也应该是一个需要详细讨论的话题。

（4）怎样有效地整合、集成及分析那些可用周期很短，且属于不同领域、不同时域或不同地域的数据？这也是我们高校图书馆必须考虑的重要问题。

（5）高校图书馆还要考虑如何把握时机以及用什么方法在已有的数据获取、存储、组织、分析和决策流程中加入或完成大数据的支持？

（6）传统的知识创新模式、信息服务方式、信息资源管理、数据存储和分析技术与大数据解决方案之间的异同点有哪些？

（7）大数据解决方案更适合出现在哪些方面或哪些场合？

（8）是完全取缔图书馆以往的信息服务方式、信息资源管理及信息处理技术，还是将大数据解决方案进一步完善、保留已有的这些知识服务方式和服务技术？这亦是研究者们亟待解决的问题。

二、大数据时代高校图书馆的价值与定位

（一）高校图书馆大数据的类型与特征

1. 高校图书馆大数据的类型

高校图书馆的大数据有许多种类型，既有传统的电子图书、电子期刊、数据库论文等结构化数据资源，还包括以下海量的非结构化的信息资源：

（1）智能设备数据

那些装有 RFID 图书的信息，可以自动实现资源的追踪和解析。以 RFID 数据信息为例，它可以帮助高校图书馆根据读者到馆阅读的时间做出相应的人员配备，为读者提供更好的服务。

（2）物联网数据

对所处的环境和资源进行数据采集可以通过在图书馆不同位置或环境中放置传感器，通过长久的累积，可以产生非常多的数据，对我们分析图书馆的使用状况、优化配置资源都有极大的帮助。

（3）互联网数据

这部分数据的发布速度比之前的媒介都要快。这是由于社交网站的普及，图书馆服务指标的主要来源是参与的众多用户及其数据包含的丰富情感特征，另外包含读者丰富信息的还包括 OPAC 读者搜索日志以及数据库中的访客访问日志和类似的用户行为信息。这些都是图书馆大数据的重要组成部分。

（4）科学研究共享数据

作为科研服务中心，高校图书馆需要共享数字图书馆，包括研究过程中发布的数据，以及研究过程中发布的可以存储在计算机上的数据。它不仅包括研究成果、神经影像、测试数据、感官阅读数据，还包括非数字数据，例如来自遥控传感器和测试模型的视觉数据。基于科学研究事实的科研数据是科研过程中的重要研究成果，其科研价值颇高。长期以来，大学一直在浪费大量的科技资源，虽然有大量的科研数据，但是未进行分类或共享，而只是对研究团队或本单位进行分类或共享。因此，图书馆需要注重科学研究的数据收集与共享。

（5）移动互联网数据

随着数字图书馆、网络图书馆的普及，高校图书馆可以利用移动互联网技术来分析读者的阅读习惯和倾向，以便预测读者需要的知识服务。

2. 高校图书馆大数据的特征

在图书资源不断演进的今天，读者对图书馆知识服务的需求不断增长，大数据时代的图书馆应该具有大数据特征。

首先，高校图书馆所包含的数据源在编码和格式上不能在内部集成，因为它们不仅包含部分基础文献、网络数据、CD-ROM 数据源等，还包含部分专有的数据源。高校图书馆服务提供信息还包括图书馆自身开发的数据信息，从而形成了大量的异构数据。

其次，高校图书馆应根据读者服务信息和其他数据做出与其服务策略相匹配的更改。例如，全国各类型图书馆的数字资源的数量是一个庞大的数据集，它们给高校图书馆带来大量的数据源，高校图书馆需要对这些数据有强大的分析和价值挖掘能力。

最后，随着高校图书馆 24 小时服务、网络服务等新型服务方式的出现，读者数据信息增多，高校图书馆需要提供一定的环境和条件来挖掘这类数据，并对其进行汇编。此外，虽然数据库记录和统计达到了一个新的水平，高校图书馆也进入了较快的发展阶段，但这些数据仍然需要异构化。

（二）高校图书馆大数据的价值

高校图书馆可以通过人工智能、数理统计、信息技术、计算机科学等多学科的大数据技术来发挥大数据的价值，研究大数据背后的世界。迄今为止，高校图书馆对大数据价值的利用包括以下内容：

1. 为资源采购提供决策支持

比如利用阅读浏览率、借还记录、数据库访问、下载记录等读者使用的资源交互数据，较为准确地评估读者使用各种资源的情况；通过读者的浏览访问历史，来预测他们关注的热点问题，订购与这些热点相关的资源，减少或取消那些使用率低或零阅读率资源的订购，以此来为资源采购部门提供决策支持，从而用有限的经费来购买更加适合读者需要的资源，有效地减少了高校图书馆的资源浪费，优化了馆藏资源结构，提高了图书馆服务质量。

2. 为读者提供个性化服务

高校图书馆利用大数据，通过读者使用图书馆的痕迹，例如读者检索和借阅文献信息资源的频率和方向、浏览哪些数据库、搜索信息记录、下载哪些信息等，图书馆能够获取读者大量个性化服务信息。利用这些信息，图书馆可以使用合适的方式主动推送适合读者的文献信息资源，提高个性化服务质量，实现图书馆由被动获取资源向主动服务读者的职能转变，令读者满意，从而提高图书馆个性化服务的能力及质量。为了对读者服务需求进行修改指正，提高个性化服务的可靠性和精准性，图书馆要利用大数据不断地、主动地向读者进行探测性的推荐服务，持续性地取得读者的反馈信息。与此同时，高校图书馆可以结合读者所在的专业，以及教务部门为图书馆提供的个人选修课信息、成绩信息等，分析出读者的服务需求、感兴趣的内容、学科学习需求等信息，为提供个性化服务积累经验和确定方向。

3. 为学科提供研究方向与热点分析

高校图书馆要为科学研究人员提供提高学习、研究和创新效率的资源，特别是那些最新进入研究领域的学者、硕士生、博士生等面临选题困难的科研人员，让他们能够通过图书馆迅速地觉察到其所在学科领域的研究进程，以此来确认自己的研究方向，并且节约文献查阅的时间。针对这些问题，图书馆可以利用大数据技术，首先对学科进行聚类分析、网络分析、热点预测、引文分析、可视化分析、知识关联分析等，构建学科的知识构架，其次要在更大的方面分析相关学科领域的研究热点和研究方向。

4. 为科研人员提供学术共享平台

高校的专家、学者或科研人员通过长期的努力探索、实验和研究而积累了大量宝贵的学术成果和研究数据，这些成果和数据是高校的宝贵财富。高校图书馆可以利用大数据技术搭建一个虚拟交流平台，形成学术交流圈，利用相同或相似的资源，相互分享科研成果，建立良好的学术共享环境，收集相关数据。同时，根据同一学科科研人员的需求，为该研究领域的科研人员建立虚拟社区，形成学术交流，共享科研数据。

（三）大数据背景下高校图书馆的定位

1. 高校图书馆的业务与服务重点应向上游转移

从资源利用过程来看，高校图书馆运营和服务的重点是整合传统图书馆或数字图书馆的资源，并加以储存和利用。在大数据时代，图书馆包含书目数据库、组织知识中心、语义信息化等。不仅仅是结构化数据，例如术语，还有非结构化数据，例如用户的查询行为、阅读习惯。通过数据发现和分析等方法，为读者和用户提供定制化、有针对性的服务。因此，图书馆的主要功能是收集数据、存储数据、分析数据和管理数据，即利用一些大数据的关键技术来整合大量复杂的数据，通过可视化分析使用数据，将服务数据聚合为智力价值，从而为用户提供便利，通过图书馆来取得精确、有时效性的、有效果的信息资源，以此来使业务与服务向上游转移。

2. 高校图书馆是公共数据存储、处理、分析与服务的核心

作为现代社会公众共同文化服务的一个重要的组成部分，图书馆特别是公共图书馆，在社会人员的教育、休闲娱乐、文献资源的传递等方面起着至关重要的作用。近年来我国图书馆界的主要建设目标是加强对于信息技术方面的应用，拓展图书馆的服务面。但随着全社会进入了一个新的阶

段，一个大数据时代，以紧密型数据的相关分析、解决来推动社会的创新发展的时代。高校图书馆作为为社会培养高素质人才的重要基地，同样肩负社会教育职能，要适应大数据时代的变化，将服务扩展到大数据处理以及分析方面，高校图书馆不再只是为学校建设服务的机构，而是集社会公共数据整合机构、社会公共数据储存机构、服务于公共数据机构、处理公共数据机构于一身的一个平台，它应担负起时代给予高校图书馆更加重要的、更加突出社会存在感的责任。

3. 高校图书馆应作为完整的网络体系

大数据时代体现高校图书馆重要价值之一的是高校图书馆利用数据收集、分析、处理等技术来为读者提供服务。通常图书馆需要足量的数据来支持这些技术，其中包括读者在社会环境中的行为数据和图书馆中读者的行为数据；既要包括读者在本馆中与他人交流的数据信息、借书阅览的行为数据，又要包括其在别的信息平台中诸如此类的信息数据。所以说，高校图书馆在当今的大数据时代，应该借助一些外力，例如，许多其他提供用户数据的图书馆，以及那些相关性不太强的组织的数据支持，包括社会服务中心、商务中心、娱乐中心和工作场所等。高校图书馆应尽最大努力真正实现数据共享，满足读者和用户的需求，建立一个有机的网络体系来协调服务工作。

三、大数据背景下高校图书馆的信息创新服务

（一）大数据整合

1. 高校图书馆大数据整合需求

（1）高校图书馆 IT 基础设施架构优化和系统安全性的运行需求

首先，对于图书馆 IT 基本构架设备的优化，最重要的应该是 IT 基础设备的组织架构是否对大数据资料和系统硬件设备进行有机整理，数据整理中心的 IT 基础设备资源能否使拓展、监管和维持保护变得更加简便，数据中心的监管、运行和维持保护所需要的成本是否足够低，并且在异构环境中是否具有比较可靠的安全性和可控制性。其次，当因为数据中心系统

的整合导致 IT 架构复杂程度和设备的数量被减少的时候，对数据的储存和对用户的服务将被运行在数量较少的单个设备上，数据中心的单点故障率是否低和数据存储安全性是否高。再次，IT 基础设备架构合成的中心技术是虚拟化。不能因为数据中心对虚拟化技术运用程度的增加，就因此大幅地增加系统的安全隐患和降低自身的抗风险能力。最后，为了让图书馆服务于用户的性能以及增强系统的可靠性，多个子数据中心一般都会被图书馆在不同的地方构造，以此来提高其用户服务的效率和可靠性。那些关系到图书馆系统运行安全和 IT 基础设备构架优化的一个重要的问题是对位于不同领域的子数据中心数据进行有效的分析、挖掘和整合。

（2）数据中心异构系统与应用服务整合的需求

首先，系统安全、管理效率和用户服务质量的关键应用目前主要被图书馆数据中心分布在大型计算机主机上，而一些不太重要的应用则被分布在 UNIX 这些平台上。这就使一些现象被着重地表现了出来，比如 IT 基本设备应用的多元化、构架结构的多平台化、数据离散、系统不同结构和被孤立的信息等。其次，不同的应用提供的服务、运作系统和虚拟化平台也有不同的安全需要与安全准则，很难统一化，很难预先合成以大数据流的获得、召集、管制、解析、决策平台为基础的软件与硬件系统。再次，如何在保证不同系统平台效率的前提下，以用户需求和图书馆服务能力建设为指导，提高大数据平台综合效率与大数据服务有效性。最后，像是那些运作系统异构、系统运行的环境异构、数据库监管系统的异构、网络协定异构、用户环境异构、认证环节异构、远程实施方案的异构、数据本身的异构等，这几个方面都是图书馆的系统异构，数据整合的难易程度和复杂程度因为这些异构的存在而大幅地增加了。

（3）增强大数据价值密度和可控性的需求

首先，高校图书馆服务理念和服务内容、服务方式等已经有所转变。在大数据时代，高校图书馆利用大数据技术，从过去以消耗资源为主的服务形式转变为现在的以大数据资源保障为主要内容的个性化服务形式。因而，大数据资源的价值密度与可控性很大程度上影响了高校图书馆的服务创新能力和市场竞争力。其次，读者的个性化服务的复杂程度使图书馆工作面临许多困难和挑战，如业务繁多杂乱、计算的需求增大、数据存储的成本猛烈增长、需要巨大的成本控制能耗以及要保证服务质量等，而服务的安全、高效率、绿色清洁和可控制性的保证则是大数据整合的有效性。最后，大数据的分析、评估和预测价值无法通过无规律、单一的碎片信息数据显示出来，因为在大数据环境下，数据通常以碎片信息数据流的形式存在。因此，高校图书馆要对数据碎片进行系统性的细分、搭配、重组与整合，就必须以读者或用户服务需求为中心，这样才能提升数据的可控制性、可利用性和价值密度，最终实现大数据向大服务的转变。

（4）高校图书馆需要的智慧管理与智慧服务

高校图书馆要实现服务系统的智慧服务与智慧管理，可以利用大数据技术构造出一个智慧型图书馆。

首先，图书馆想要正确把握图书馆基础设施结构合理性、图书馆服务系统的服务能力和管理能力、市场的竞争环境和读者个性化阅读需求等这些实际问题，就只有通过对历史信息与现在数据价值的发现、数据的整合与测量，来形成对图书馆系统构建重要因素之间的联系，对服务内容与服务形式、服务市场、服务对象的现状进行准确的数据挖掘和感知。其次，图书馆只有整理合成与联系解析所采集的全部的数据、流式数据和离线数据，以及调节控制和判断用户的需求形式与服务效率，由此才能改革服务形式与内容、服务环境市场，根据个性化的阅读服务质量和用户要求的判断标准进行准确的判断。再次，智慧服务的保证是图书馆智慧管理的最终目标。因此，图书馆要想提升大数据服务的支撑力和大数据资源的价值密度，就要一直秉承着以加强服务系统统一保护能力和服务资料综合使用率为目的的思想。最后，面对不断变化的动态的海量数据，高校图书馆数据整合的有效性和数据结构的科学性，决定了大数据平台处理数据的效率与能力，尤其是科学的数据结构关系着高速数据在短时间内的即时服务质量和价值有效性。因此，高校图书馆应该通过大数据平台对实时采集的数据流进行快速整合，以保证信息的发现和解决系统、数据的运算和储存系统、业务决策系统和对读者或用户服务系统的服务高效、安全、优质和实效性，借以提高图书馆的智慧服务与管理水平。

（5）大数据资源描述语法和主数据库格式统一的需求

对高校图书馆而言，收集大型数据源主要包括用户服务数据，管理员和管理控制数据，用户行为数据，用户阅读器活动、日志和社交链接数据，微博、QQ、微信反馈数据。但这些主数据库标准和描述语法不统一，而且存在强烈的冲突和不全面性。首先数据源结构复杂，缺乏规律性，数据不能进行有效语义互联。其次结构合理的、科学的数据集成过程以及可控性、可操作性的实验数据格式是构成集成大数据的主要因素。最后，图书馆倾向于使用虚拟化方法进行数据集成，以普及大数据源集成的效率并降低集成成本，而如何摆脱实际存储方法、存储路径的限制，普及虚拟可用性和准确率，是有待研究的问题。

2. 高校图书馆大数据整合机制

高校图书馆大数据集成平台采用分层多维度架构，确保系统平台具有完整精确性。同时，监控调整、修改和完善数据，修改和删除突发事件，确保不会降低大数据集成平台的整体机制的运行效率。

图书馆大数据资源平台的系统（图 5-1）中收集的大量庞杂资源临时存储在一个数据库中，数据通过预定义规则进行清理和筛查，并在数据集成后导入主数据库中。这个系统架构由数据库操作管理层、数据分布层、数据集成层、大数据存储层组成。数据库操作管理层是图书管理员通过监控开发完成大数据库的构建。数据分布层基于收集数据错误检查和可用性，依据定义的数据清洗与过滤规则，对数据进行质量分析、数据过滤和清理，以集成优秀的数据资源、高价值的数据，以确保数据的集成密度和可操作性。数据集成层是数据预筛查和过滤后的一个临时数据库，是通过挖掘数据源，分析数据切换解析和下载软件，将数据写入到主数据库，这样，一个大的图书馆数据资源库的整合得以最终完成。大数据存储层主要由各个大数据资源、改动数据库、分析数据库以及使用不同终端收集的数据组成。数据同步机制确保应用程序和数据在主数据库中的数据一致性，为图书馆大数据库应用提供安全、高利益、易操作和耐用的数据支持。

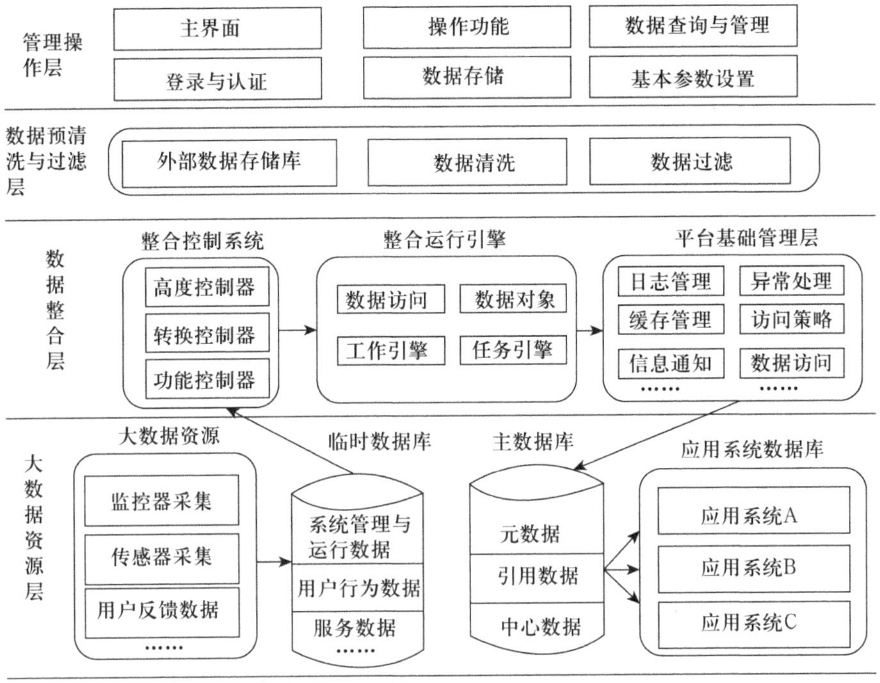

图 5-1 图书馆大数据资源整合平台系统架构图

3. 高校图书馆大数据集成布局

（1）完善数据中心 IT 基础设施架构

根据国际调查和研究公司进行的调研，数据资源连年增长 60%。2020 年全球数据总量达到 35.2ZB。海量的数据、繁多的种类、实时性强和低价值密度的大数据蜂拥而至，因此，图书馆必须加强数据库 IT 基础设施的有效整合和改良，达成图书馆系统的结构差异化和大数据资源方式的一致，使资源迅速高效整合。

首先，图书馆数据中心 IT 基础架构的整合改良要以产品集成、信息集成和业务集成为目标，不仅与风险控制和成本控制、节能需求和质量保证相对照，还要以计算、存储及网络和数据备份设备的虚拟化集成为核心，因此，IT 基础设施的有效整合必须基于虚拟化资源库的整合使用，降低 IT 基础设备的垃圾量。其次，有效整合和优化 IT 基础设施，确保图书馆可以在规则一致的通透环境中，保质保量地检索完整数据，一定坚持两个统一的原则，即统一的数据环境和统一的数据体系结构的原则。再次，图书馆在使用虚拟化数据中心集成图书馆终端服务器、硬件存储设备时，要秉承稳定、快捷、可持续、环保的理念，要坚持在数据的收集、分析、利用的每个环节对用户负责。最后，图书馆可以根据未来的数据环境特点和整合需求对 IT 基础设施库进行灵活的扩展和伸缩，保证 IT 基础设施架构有一定的调整空间，能对未来市场变化做出相应调整，并让该架构有更广阔的服务渠道与智能化的运行模式。

（2）大数据资源整合平台应具有多种用途和便捷化管理

图书馆在制定和实施大数据资源整合平台的过程中，第一，要保证大数据资源整合平台有多种用途和便捷化管理，使系统更加便捷并降低成本，用户能够通过平台采用的 JAVA、C++等系统在第三方下载程序并在本终端使用，可以自己研发程序供给他人使用；还要使平台系统功能模块软件具备灵活性和可扩展性，以应对日益高涨的数据组合变动，提升整体性能。第二，采用创新的分布式架构执行工作计划，管理复杂的数据整合工作流程。第三，通常大数据整合平台应具备对重要数据和实时数据的判定功能，根据数据的时效功能确定分级顺序，并对其进行整合。图书馆庞大的数据按照用户服务的时效功能分级，主要整合不同类型数据：一类是由系统运行和用户交互与反馈而产生的大量基础型数据，这类数据往往不具有时效功能；另一类是由学习者在服务层面的差异化需求产生的实时信息、当下的定制需求以及为保障学习者信息安全的监控数据。第四，在整个平台构建过程中要秉承“去芜存菁”的原则，通过数据库系统在构建过程中日趋成熟的快捷性，优化平台在非结构数据和流数据中的重组，在保持数据重组稳定的情况下减少平台构建过程中的资金投入。第五，智能化的资源整合平台要求有高效的数据互通手段，在平台的输入端及时对信息分类后，将初步处理的数据精确地匹配到相关的处理模块，之后将加工过的数据传输至主数据库进行分析和利用。

（3）利用云计算技术确保数据整合的高效和经济

新型服务理念和用户需求必然伴随着数据的激增，单纯地通过购买大型硬件设备、提高数据库的兼容性和加工速度、改良检索和匹配的方式、降低学习者服务 QoS 标准等措施，早已无法满足大数据信息的增长需求，因此图书馆应通过引入云计算技术为大数据整合找到新的出路。

数据的安全等级可根据其重要性和图书馆学习者的反馈情况分级，其中系统运行数据、阅读信息、学习者需求信息、运营模式评估数据、客户反馈数据安全级别较低，而安全监管数据、用户资料及身份信息、用户检索痕迹和隐私数据、针对用户行为的智能评估则更为重要，而大数据资源往往总增长量大，又要求功能高效、快速传播、便于检索，因此只有将云计算技术应用于图书馆数据库中，数据整合的快捷与效益才有保障。

第一，图书馆受限于自己的资金、人才储备、技术能力，大多通过私有云和租赁云的方式储存、使用它们的数据，进而减少对 IT 硬件设备、软件创新、数据管理的依赖，有效地节约资金。第二，将私有云用来存储那些更为重要的高密级数据，当图书馆因资金与技术等客观因素不得不将重要数据存储在公有云中时，要和第三方云服务机构协商以明确数据安全的责任、数据使用的权利，并达成有法律保障的协议。第三，为保障资源整合系统的有序管理、安全监控、节约成本，云服务机构需要向图书馆的用户询问身份和相关权限许可。第四，云数据库应在不涉及改变数据检索、利用、反馈方式的前提下，开发更符合市场需求的数据存储、评估和智能化搭建数据模型的能力。

（4）以高校图书馆大数据服务 QoS 保障为目标

高校图书馆大数据服务的受众是广大的读者，他们带有鲜明的、不同的个性特征，所以图书馆数据服务也相应地要具有个性属性。图书馆大数据整合的宗旨应与图书馆服务宗旨一致，就是以人为本，服务至上，保障图书馆的 QoS，达到配合学校培育人才的最终目标。因而，高校图书馆要用大数据服务来促进 QoS 保障，需要做到以下几点：第一，应该将以数据中心硬件设备运营性能能力的竞争转向大数据分析与个性化能力的竞争，图书馆可以利用传统 IT 环境下大数据资源整合的优势来完成这种转变。也就是说图书馆大数据整合应有效地把图书馆运营从大规模生产向实效个性化服务的转型。用准确、快速和高效的分析，判断读者或用户个性阅读需求变化，提供量身定制的个性化服务产品。第二，对不同终端设备采集的大数据资源，图书馆要进行科学、合理的整合。这就需要在改善服务流程、提高针对服务时效、推广营销管理政策、优化个性化用户服务数据等方面上台阶、上高度，高标准、严要求。第三，根据完整的读者或用户大数据分析结果，进行本馆大数据内部数据和服务资源的整合，能有效实现读者或用户个性化服务的定制与投放，这就要深挖图书馆业务范围，树立以人为本的理念，提升用户对服务产品的适应性，打铁还需自身硬就是这个道理。第四，读者的阅读习惯、阅读爱好、阅读种类、阅读情志等都是有价值的数据，图书馆大数据整合要注重提高获取这些数据的能力，还要多元化跨界与第三方大数据提供商、移动终端服务商深度合作，扩展数据传输服务的内核，依据数据分析结果来判断提供给学习者的服务是否准确、受用。

（5）协调系统架构和优化数据整合

在图书馆运行的过程中会遇到大数据技术无法做到收集与分析相适应的情况，进而给图书馆在协调系统架构和优化数据整合上带来棘手的问题。产生这样的问题的原因是图书馆在对原始数据进行收集和分析时，系统运行和终端服务器搜集的新数据种类与原始数据之间会产生差异。当大数据作为一个整体体现其利用价值时，一定要制定数据与系统结构统一的模式；另外，当设计人员构建一个大数据平台时，要尽量做到系统的各个部分之间效率的最大化，将大数据的搜集、分类、处理，利用各个流程汇集成一个整体；建立完善的安全管理系统，保障数据库的运行，通过智能的软件评估和规避风险；大数据平台应用的优势在于简单管理方式，得益于便捷的系统，大数据平台充分利用信息的时效性，加速信息的流动和数据的交流。而对于平台的操作人员来说便捷的管理方式和操作流程能为数据的结构管理提供最大的帮助；最后大数据整合的最终目的是推动图书馆信息化的发展，打造以满足用户需求的新型图书馆。新型图书馆应以可持续发展的方式，推动信息的传播与交流，也为建立环保、便捷的大数据平台提供帮助。并且图书馆要为完善数据使用与信息共享方面的法律法规做出贡献，为数据在传播与交流的管理、控制、监督上提供保障。

当前如何运作图书馆架构体系？如何管理用户之间关系，为用户带来新内容、新思维？同时使用户享受来自图书馆的服务水准？这就要从数据组成是否具有科学性和使用价值是否可以平等分享、数据是否易检索等方向上深入研发。由此可看出，应用高级智能可以对价值密度不高的杂乱资源、集散资源进行分拣、清洗、转换、整合，使数据平台的资源结构趋于合理化；构建一个高价值、高密度、可持续利用的基础 IT 资源体系，使图书馆获得新的市场信息和洞悉能力，高效科学地提供满足用户差异化需求的服务。

正因如此，图书馆应该基于学习者的差异化需求和大数据资源的固有价值创建一个庞大的管理平台和数据库集成系统。并且，图书馆应该根据用户的安全需求和差异设定去完善用户服务系统。对图书馆大数据资源的结构、数据格式、状态进行详尽的分析，使数据互联互通，减少直至杜绝信息孤岛，从而能普及横向与纵向，获取信息能将图书馆的用户使用习惯、系统运营、数据管理进行有效的运作。

（二）大数据资源共享

诸多新科技兴起催生了像微博、网络媒体、社交平台的新事物的发展。在当今大数据的时代背景下，无论学术、商业、工业乃至政府机构都开始着眼于大数据的问题，人类社会在不断进步中已经开始了不断探究大数据带来的数据的核心价值。人们在做出决策之时通常会通过大数据的应用发现事物存在的内在联系，并进行比对得出结论，最终用结论指导决策的制定。并且，人们可以查看大量的数据来对未来的情况进行预测。高校图书馆受益于庞大的数字服务。如果依靠开发大数据，它可以继续改进数字资源的创建并为用户提供更好的信息服务。因此，我们需要探索如何运用大量的思想和技术来解决大学数量资源分配问题。

1. 高校图书馆联盟数字资源的大数据特征

首先，通过加强高校图书馆数字化建设和 Web 2.0 中高校图书馆用户对数字化服务的差异性需求，单独一所大学数字化虽然并不具备“大数据”特征。但这些获取的数字资源已经具备“大数据”功能所拥有的一系列属性。其次，高校图书馆联盟的数字服务数量持续增长。随着高校图书馆中数字用户数量的增加，大学注册提供的信息通常会创建数据，高校图书馆联盟的服务数据和数字信息产生的非结构化数据是一个超级数据集。最后，随着信息科技的进步，用户的需求会持续增长，这并不只是在寻求数字服务的调用和其他一般信息服务，而是在寻求更深层次的数字资源的数据库和数据分析。高校图书馆联盟应该基于用户的差异化需求改进数字资源的信息服务方式，从而使其更满足用户对数字资源的信息获取的需求。

2. 高校图书馆数字资源共享的优势

（1）数字资源优势

大数据能够将杂乱的数据集中整合成有利用价值的数据，并在这些数据中进行深层次的分析，开发出隐藏在数据中的巨大价值。高校图书馆中数字资源涵盖了电子书、期刊、数据库、音频、视频等常见的数字资源。个体大学的图书馆的数字资源无法到达 1PB 以上的大数据基准，可是相较于高校图书馆联盟，大数据应该匹配的是高校图书馆联盟在运行中产生的全部资料数据。而采用云计算处理运营数据，精准地把控数据走向，并对今后的发展做出科学的规划是大数据时代如何利用高校图书馆联盟大数据的重中之重。

（2）海量数据产生的优势

在高校图书馆的运营和使用中，用户与系统之间会产生相当多的交互性数据，这样就大大加快了高校图书馆的非结构化数据的获取速度。在数字资源的技术基础之上的移动网络的信息管理通道和多渠道服务内容为高校图书馆联盟的移动化提供了技术上的支持，如此看来，以自媒体、社交平台等差异化渠道服务所累积的带有个人化、用户终端的信息服务都将获取到海量的交互数据。这些数据整合在共同的依靠云技术的大型数据库中，大数据的开发是由云计算技术提供支持的，云计算技术可以颠覆传统概念中的图书馆，并使用云计算技术将数据集中在一起，形成高校图书馆联盟大数据的信息体系。

(3) 技术优势

如今的科技发展速度惊人，云计算技术的大数据正在为高校图书馆联盟提供可靠的数据平台。不同的物理设备如何共享的问题都可以通过云计算技术中的虚拟化技术提供解决的方案。每所大学使用硬件中心将降低高校图书馆联盟的硬件成本，并为数字资源共享提供硬件保护，这都得益于云计算技术中的虚拟化这项技术，每所大学分散的自主数据库都可以通过云存储的技术来汇总再分类，并交由云端进行资源的再调配，用户的资料与产生的数据也会进行动态分布，缩短了信息获取的时间。通过使用兼容的网络系统，高校图书馆联盟的技术管理部门对云计算网络进行了严密监控、防御，以巩固高校图书馆数字服务的安全性。

3. 高校图书馆数字资源共享策略

高校图书馆资源共享的运营和发展需要良好的、合理的、稳定的策略，这将为完善高校图书馆的资源共享提供有效的途径和思路。

(1) 大数据时代高校图书馆数字资源共享的建设策略

① 管理层面

妥善的、合理的建设策略是大数据资源共享这项系统化工程能否走绿色、可持续道路的关键所在。正因如此，为符合时代要求的高校图书馆联盟建立管理机制非常重要，这个管理机制的责任主要是：一是框定大数据架构、共享的机制和标杆。二是负责数据汇总、存储版权法律数据等内容。三是负责在工作中维持、监管数据。在每所大学的终端设立基础的数据管理人员，他们将成为大数据运行的基本单位，重点主要是高校图书馆联盟数据管理系统的实施、完成主要规划和要求，并安排图书馆完成基础数据的收集、访问和审查，从而有效地完善高校图书馆数字资源的发展和建设。

② 技术架构层面

从技术架构层面来阐述大数据的话，大数据是指从海量数据中快速筛选有价值数据的技术构架。图书馆大数据技术架构用来分析和解决主要数据相关的存储、处理、研究和应用有关的问题。如何完善大数据的架构是一个长期性的基础内容，也是大数据的主体，大数据自下而上的逐层分级工作，首先基础是采集、汇总海量的主数据库，是对结构化、半结构、非结构化数据的收集与汇总；其次则是对已有数据的贮存，存储工作方式有很多种，包括例如 NoSQL、云存储、HBase 等；再次是将存储的数据消化、分解成有利用价值的大数据的集成、主数据库模型，并对数据审查、加密、备份；最后是完成可利用信息的查找、分类，并对数据做可视化、个性化处理。其技术架构如图 5-2 所示。

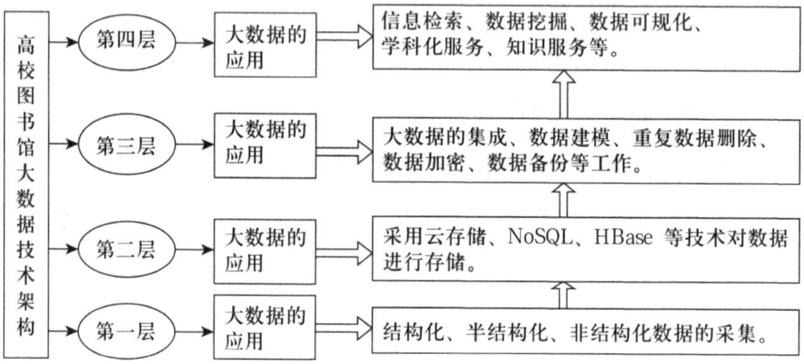

图 5-2　高校图书馆大数据技术架构图

③ 建设统一的大数据平台

高校图书馆联盟如果建立大数据平台，必须整合大学已具备的数字资源，并在此基础上进行统一管理和部署。将云计算技术应用在大数据平台数字资源的采集中，可以汇总分类每所高校图书馆已具备的网络、硬件和主数据库，初步提取和索引来自每所高校图书馆的数字资源主数据库。将这些资源与高校图书馆建立关联，然后数据将会以逐级向上的形式汇集到大数据平台上。最后，为每个高校图书馆提供一个强大的云平台，以存储数字资源、数据查询和分析数据。

大型数据平台具有接收内置属性的服务架构，并根据定制信息的需求，差异化、个性化地传达给用户，向用户提供各种类型的数字服务。这可大大缓解在高校图书馆中像数字化的资源浪费、信息孤岛、信息化安全等问题。主动向大学分配数字服务，并向需要数据服务的用户提供准确的服务。

（2）大数据时代高校图书馆数字资源共享的运行策略

① 数据运行方面

分散数据汇集而组成大数据，高校图书馆这样规模的信息共享对于大数据的时效性、精准度、安全能力有着严苛的要求，只有从构建制度、系统维护、主数据库等各方面严格把控，才能保证整个平台的平稳运行。

② 技术运行方面

用来存储高校图书馆联盟的数字资源的有关设备、硬件与软件系统是运行的主要维护方式。硬件购买，有必要制定一个具有成本效益的方案。在平时，严格地坚持硬件维护。同时建立灾难意外备份，确保大型数据库资料的保留，在软件程序方面，评估数据管理系统的使用、数据管理的访问、数据的精准对接以及采纳开发团队和用户的反馈意见，它对平台更新换代的能力是非常重要的。要保存和存储活动信息，需要注意合适的数据存储对应合适的使用情况，确保数据的安全性和准确性，并确保用户能够有效且准确地反馈。

③ 网络运行方面

基于建立大规模管埋平台的主要单位，利用现有科技对网络进行监管，最大限度地实现网络监管，组成网络系统，并及时阻止无用的网络建设，避免资源的浪费，并且完善网络监管，解决网络日常运作中的问题，快速地反馈、处理、解决问题，解决因网络缺陷导致数据遗失或查询阻碍等问题。

④ 绩效管理和评估反馈方面

一个有效的绩效系统，可以将大数据平台的运行数据和问题按时展开评估，解决每所高校图书馆由于利益冲突而消极隐藏、阻碍这些知识、资源的问题，这是每所高校图书馆能达成共享的关键，所以建立绩效评估系统对于每所高校图书馆的利益冲突可以起到缓冲的作用。一个优秀的评估反馈系统，应该对高校图书馆联盟的大数据平台的各项数据的日常运行和安全提供保障，按时提出反馈信息。大数据管理应有能力收集每所大学和用户在平台上的使用情况，一旦有问题发生要第一时间快速处理，并准确地修正问题带来的影响。

（3）大数据时代高校图书馆数字资源共享的安全策略

① 数据的安全制度建设

当建立大型数据平台时，从国家机构拟定安全法则并合法保护进行图书馆数字平台共享的大学。并且平等建立高标准数据平台的安全操作规范和标准。充分和有效的规则将最大限度地降低高校图书馆成员间的矛盾，使平台可以安全、顺利地运行。还有必要建立一个基于高校图书馆联盟的数字资源保护合作制度，为保护全球高校图书馆联盟提供模板，确保从体制上降低高校图书馆联盟影响平台安全运行的隐藏风险。

② 加强安全监控能力建设

确保大数据平台功能的日常可用性、数据监控和出口流程的性能，并对分配的数字资源进行标准评估，以确保运行的安全性。在为大学建立高水平数字平台的基础上，在大型数据库中建立必要的安全措施。如果平台的某部分显示安全警报，则将问题部分从整个平台孤立起来，能最大限度地保护数据平台的主体安全。并且，组织和更新大型数据本身的安全数据也很重要。如有异常，必须迅速展开处理。

③ 普及数据安全防范意识

在大数据为我们带来便利的同时，高校图书馆联盟的工作人员有义务对数据资源树立安全意识与责任感，高校图书馆联盟汇聚的数字化资源将成为一个知识的殿堂，对这些数据加以合理利用能够对各门学科的发展做出指导、规划，并且对科研技术的推动是有巨大贡献的。确保数据管理人员的素质、数据管理人员的整体环境和安全理念，确保所有数字资源的安全，我们可以充分促进高校数字科学研究机构的发展。

高校图书馆联盟资源共享的建立本身就体现了大数据技术能够打破地

域、时间、类型限制的优良特点，通过云技术实现信息的高效互通，并且经过大数据整合的信息数据的可利用价值被大大普及了。利用优秀的数据技术完善高校图书馆平台，可实现大学数字化服务的分布。在高校图书馆联盟中建立数字资源分配时应侧重于三个角度：一是建立一个完整的运行系统。大数据开发是一个有组织的、有计划的工程。一套完整的应用程序应以推动数字资源创建过程的所有环节的可持续发展为基础，在有完善尖端构架的前提下，才能确确实实地做到信息、资源的整合。二是创建一套标准的构筑模式。建立各个数据类型的模板，让各种资源相通成为现实，这是资源共享的基础。三是共享平台的意义在于数据的汇集与转移，即一种流通性，基于大数据技术的平台能实现这种流通性。

（三）大数据检索服务

1. 现有检索技术及其优缺点

“联机公共检索目录”和“联邦检索”是现在我国大学普遍应用的两种索引技术。

（1）联机公共检索目录

联机公共检索目录，简称 OPAC，是一种通过访问信息终端检索图书馆数据的方式，并为学习者提供服务。OPAC 最早出现在 20 世纪末，基于印刷行业发展的理论，这种检索有效地利用了纸媒的性质，继续应用了目录式的设计方式。提供与目录比对的方式为学习者找到需求内容。网络应用普及后，OPAC 第二代也得到了广泛应用并做出了与时俱进的创新，优化了搜索方式以及信息化。根据钱文丽和李亮先的研究报告，现阶段在国内有 10 余家公司为大学提供 OPAC 系统。

OPAC 系统明显地变革了学术方面的检索技术。第一，OPAC 界面为学习者展示了一个便捷的操作空间；第二，OPAC 培养学习者通过数据检索获得信息的能力；第三，OPAC 目录为简化、分类网络信息资源提供了方法。

就 OPAC 本身而言局限性也客观存在，余金香和李书宁指出 OPAC 系统的优化上的问题有这样几点：首先，书籍信息的分类上差异性不强，用户难以梳理搜索结果的关系；其次，文献应该从类型提到形式上来；最后，存在失败率高、时间长、延展信息的技术弱等检索问题。所以，OPAC 技术为满足学习者的需求仍有很长的发展之路。

（2）联邦检索

联邦检索的功能在维基百科中是这样被描述的：它允许用户通过使用适用的搜索申请，通过某种特定的方法转换后发送到多个网络信息中心中，检索结果自动排列或者以用户选择的方式排列，以精练且极小重复地显示出来。

学术资源的整合检索在联邦检索技术与联机公共检索目录结合下变得高效简捷，大大提升了学科观点的运用度。

韦伯斯特认为联邦检索虽是行业翘楚，但检索平台间日益剧增的复杂性和缺乏统一性等根本问题不能被解决，在使用过程中暴露出一些无法克服的问题，比如同时有多个处理器搜集信息，会导致联邦检索的结果反馈缓慢，一次的联邦检索只能接收 20~30 条数据信息反馈，致使结果无法在真正意义上实现相关性排序和去重，且由于本地的信息中心检索性能和搜索能力的局限性，图书馆也只有在自己认证的系统中才可实现读者自主搜索功能，使联邦检索并不能改良搜索系统，考虑到联邦检索技术功能缺陷，陈家翠教授认为下一次学术资源发展方向是以元搜索为基础的知识搜索系统。

2. 检索技术应用趋势

近几年，高校图书馆由于 OPAC 和联邦检索系统的不足，不断摸索数据集成的法门。其中基于元数据索引的网络搜索服务系统提升了用户利用资源的时效性与兼容性，为用户提供了一个实现各类学术资源搜索与获取的一站式解决方案。

搜索服务系统首先为图书馆庞杂的资源建立了一个集中索引仓储，也就是说将图书馆内外所有资源与学术资源纳入至一个统一的架构与单一的索引体系中，通过一个类似谷歌的单一检索框，用户可以检索这个仓储，从而系统有效地组织和揭示检索结果，以帮助用户搜索适合的资源，实现了资源的一站式检索。搜索服务系统的稳定性也超越了以往使用的搜索引擎，为高校图书馆学术资源纵深融合和进步提供目标。

现在图书馆通常采用两种模式：以 Summon 系统为代表的纯 SaaS 型和以 Primo 系统为代表的混合型，前者是基础信息仓存储在云端，本馆收集和初始资源信息被存储在本地，架设完善的技术信息索引，将本馆收集和初始资源填充到基础信息中并弥补信息系统的缺失，实现对图书馆的全部资源元数据覆盖。

纯 SaaS 型模式也有一些问题有待解决，具体表现在：其一，由于国外的检索系统对国内信息的收集量不高，访问的中文资源很少；其二，不能完成所有资源全文检索；其三，不能展现不同资源目录间的相关性。

针对中文资源访问的束缚，搜索服务系统供应商和部分高校图书馆做了一些弥补措施。例如，EDS 和南京大学联合利用国内的合作团队开发中文目录资源，开发了 Find+；西安交通大学采用 Summon 搜索服务应用在图书馆，并同样使用国内超星搜索弥补中文信息搜索系统的不足。在知识产权保护下全文网络搜索是不会成为现实的，如能在信息领域借鉴 FRBR（书目记录的功能需求）的思想，研发资料条目之间的链带，改进搜索系统，以便更好地服务大众。

大数据中“3V”的理念已经深入人心，“3V”即体积（Volume）、速度（Velocity）、多样性（Variety），大学教育设施建设的发展需要资金的支持，因此在“3V”之后的第四“V”——价值（Value）的重要性与日俱增，要想实现大数据价值的重点是学术搜索服务应针对大学师生的实际用途改进。而采用每一个新的检索技术都应在原有技术的基础上改进增加，不必全盘否定或者抛弃先前技术之间整合协同关系。大学教师和学生用户要达到高效利用学术资源的目的，大学的学术资源提供者就应详尽了解用户的切实需求和使用习惯，了解目前主流检索技术的利弊，了解检索技术的前景，采用新检索技术，宣传新技术以及培养用户的使用习惯。

（四）个性化信息服务

伴随信息技术的发展，国内高校图书馆的信息服务的发展方向也开始转变，差异化的个性服务逐渐被人们所提倡。差异化的服务要求图书馆将信息收集分类，并针对不同用户调整服务，使用户便捷地获取信息。这样的转变理所当然地会受到师生的欢迎。那么高校图书馆具体应如何针对用户来制定不同的信息服务？如何满足差异化需求？如何彰显新时代信息服务的差异化特性？这些问题将是推进图书馆信息化服务的关键。

1. 个性化信息服务的发展困境

有差异的个性服务首先应了解用户在图书馆想要获得的信息种类、学科等要求。如今，通过发布问卷、电话咨询、用户反馈等方式提前得知用户的信息需求并开始分析已经是大型图书馆的个性服务的普遍做法，针对相应的信息需求再由负责各门学科的图书馆工作人员向用户提供个性化的服务。出于受连续信息需求等原因限制，高校图书馆传统个性化信息服务存在明显不足，不能开展个性化信息服务，感知读者真实的信息需求。

（1）无法获取用户真实的信息情境

以往的个性化信息服务模式获得用户需求存在问卷设计上不足、用户文化程度不同、忌惮信息泄露带来严重后果等问题，因此高校图书馆无法准确获取用户信息需求，而这些偏差也严重影响了用户个性化信息服务的体验。

（2）服务针对性尚存不足

广大师生是高校图书馆个性化信息服务的主体对象，因此，图书馆个性化服务要达到良好的效果取决于师生读者使用图书馆的效果。图书馆必须及时针对在校师生的课堂教学进度、研究课题情况等相关信息需求实时调整服务策略。但是在日常教学、科研活动中，往往受时间、地点等因素的制约，广大师生与图书馆服务人员不能及时沟通交流，无法及时向图书馆工作人员反映自己对信息需求的变化，以致读者的个性化需求与高校图书馆提供的个性化信息服务出现偏差，读者差异化的个性服务达不到时效。

（3）用户大量流失

随着网络化、信息化的普及发展，高校图书馆面临读者大量流失的困境，究其原因，主要有两方面：一是读者缺乏个性化信息服务获取意识。高校图书馆藏有丰富的、优质的、海量的文献信息资源，也开展了个性化信息服务，但是因为读者习惯了传统的服务方式、缺乏个性化服务的意识，使得图书馆个性化服务收效甚微，没能如期吸引读者。二是图书馆个性化信息服务针对性不强，导致读者大量流失。如今的“大学生”自身有着较强的使用互联网的能力，每当有信息需求时他们习惯地利用手机、电脑等设备进行网络搜索，而不是利用本校的图书馆藏，当面临用户减少且优质资源得不到利用时，图书馆应继续解决服务的个性化和提高用户体验的诸多问题。

2. 个性化信息服务系统的可行性

（1）多种数据渠道

用户产生行为数据大多数都可以被图书馆的信息服务系统所收集，如OPAC日志、用户借阅信息、电子资源的用户电子信息中心的使用痕迹，用户在基于主题的信息服务中使用与图书馆工作人员交互的信息，用户留在图书馆微博的评论，用户访问图书馆论坛的时间，等等。这种数据积累体现了用户信息情况需求的改变，这些行为数据有很高的整合和分析价值，可以及时把握用户现在的信息需求，然后为图书馆做出决定、执行个性化信息服务提供建议。

（2）目标群体容易识别

一般来说，目标群体受经费、版权等因素的制约很难被识别，但是对高校图书馆而言不存在这个问题。高校图书馆服务的目标群体主要是在校师生及员工，他们的信息都在图书馆系统中存在，很容易识别。图书馆利用图书馆大数据对广大读者阅读行为进行研究，对目标群体及时追踪，收集读者的信息行为、分析他们的信息需求，整合他们的信息数据，从而进行差异化的个性化信息推送。当大学生在校园内访问网络资源时，他们的大部分计算机IP地址都在校园网中心注册，通过用户名和密码也可以很容易地识别出目标用户。

（3）用户信息需求实时感知

对于大学师生而言，他们的信息需求可以通过其在课堂教学、课题科研或学习方面相关的信息行为体现出来，通过后台服务器如实记录这些信息行为数据，可实时展现信息需求。

3. 个性化信息服务系统的构建

（1）系统构建目标

高校图书馆个性化信息服务系统在大数据环境下的构建目标：分析庞大网页的数量，在图书馆现有的信息服务平台模式的基础上，整合海量的用户行为数据，其最终目的是通过对互联网上用户信息日志、临时对话、浏览习惯、检索痕迹、用户 ID 目录等，来把握用户的信息需求变化，并以此开展针对目标用户的差异化的个性化信息服务。

（2）高校图书馆个性化信息服务模式

高校图书馆通过采用收集读者行为信息的方法来掌握读者变化的信息需求，并对这些信息进行汇总、分析。根据数据处理要求，图书馆需要将数据集成模块，信息分析模块（包含结构化数据分析模块、网络协议分析模块以及移动终端定位模块等），数据常规化处理模块和读者评估模块整合在一起，形成高校图书馆个性化信息服务模式。图书馆利用这个服务模式来满足包括数据收集、数据标准化、信息分析、信息下载和其他功能需求。

（3）高校图书馆个性化信息服务系统模块功能

① 数据集成模块

用户的信息行为数据并不统一地存放在图书馆数据中心里，所以该数据模块将用于汇总各种行为信息，这包括系统运行记录、各学科服务记录与反馈、馆内电子文献查阅记录等。将这些不同方式、行为、用途的行为信息相互联系并仔细分析，可以用来建立强大的数据整合模块。

数据集成模块工作流程如图 5-3 所示。

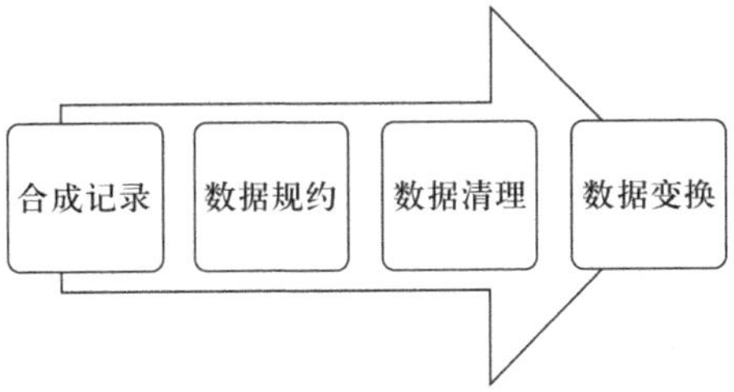

图 5-3 数据集成模块工作流程

第一，合成记录。不同服务提供商的系统信息中心的数据字段的格式和含义各不相同，图书馆又是不同服务提供商的产品系统。在高校，读者必须凭借借阅证或者一卡通来使用图书馆的各种资源。借阅证或一卡通成为读者特有的标志，高校图书馆通过这些标志内含的信息就能够收集用户差异化的行为信息并有效整合。

第二，数据规范。各种信息中心或网络协议中的信息保存和发布时的规范不尽相同，数据规范对这些具有不一样的名字但具有相同意义的数据进行规范，增加信息准确度以提高数据分析的准确性。例如，校园网络日记与普通读者信息库中性别登记就有不同，校园网络信息中心的用户网络协议中的信息记录可以是“male”或“female”，读者信息库中的性别记录可能为“man”或“woman”，事实上是没有区别的。

第三，数据清理。数据清理模块主要用于清除垃圾数据，如干扰数据、错误记录等都属于垃圾数据，需要及时清理。将经过合成记录模块和数据缩减模块处理的数据，每个用户在不同数据系统中的行为记录将被汇总到相同数据库中。这些相同的字段都是反复记录的，所以最后经过处理只需要保留一条字段的相关信息属性；对于不完整、遗失的数据信息需要完善，一些数据需要纠正，一些数值是需要离散化的实际值。

第四，数据变换。数据变换模块是通过等价聚合和数据泛化，将各个来源的基础数据的分析算法变化为适应数据利用需求的数据形式。

② 信息分析模块

现在的大学师生有需要信息时，可通过手机在线进行社交网络查询，这种依靠虚拟人际关系而不是依靠网页来获得帮助的信息属于非结构化信息，高校图书馆需要采取特殊的信息分析策略来进行有效分析。读者在使用互联网搜索引擎获取信息时，通常会在服务器日志文件中留下使用痕迹，这些信息属于半结构化信息。读者通过图书馆来获取资源信息，图书馆会采用相应的科学技术对读者的反馈信息、相关咨询等进行记录，以正规形式存储在对应的整合信息库中，这些信息属于结构化信息数据。

第一，结构化信息分析模块。结构化信息模块是根据读者的信息行为对数据聚合和标准化数据执行数据挖掘操作、创建聚类，并在数据挖掘后对相关数据进行分类，它具有固定和规范的数据格式。在这个模块中，用户被划分为不同的视点以识别各个用户中有相似信息行为和同一名用户在各个时间段内的信息检索记录。

第二，半结构化信息网络日志分析模块。互联网日志文件会翔实地保存用户访问网络服务器的数据，通过分析这些数据，用户当前的信息需求被快速准确地知道。

在访问互联网信息时，用户存在不通过网页上的链接功能访问页面的情况，即利用浏览器历史记录所产生的缓存达到间接访问的目的，路径模块的用途就是保存用户访问路径，并及时调用记录简介访问该路径。

在掌握用户需求的技术上，详细地记录网页的浏览次数以及每次的浏览时间非常重要。如果用户经常访问特定页面或长时间保留在特定网页上，那么该用户对于该信息或网页的兴趣程度就会被记录。访问统计模块提供用户浏览相关页面的频率。统计用户在浏览网页时的频率对于掌握用户的信息需求有重要的利用价值。

第三，移动信息分析模块应该适应手机发展以及新出现的平板电脑等设备，在如今终端设备获取信息要求快速、高效的社会中，在高校图书馆优化个性化服务的过程中，也要适应新终端带来的变化，拓展自身在微博、微信等自媒体中的服务渠道。该模块将用户在移动终端上的互联网浏览记录、行为记录加以分析以获取用户信息需求的方式是图书馆个性化服务的重点。

③ 信息匹配模块

信息匹配模块的本质是移动类型的终端设备，用于收集用户在网络上的阅读记录和行为记录，推送每个用户差异化的定位、爱好以及其他用户感兴趣的信息。高校图书馆服务人员在信息匹配模块中可以精确协调信息源，以满足用户的实时信息需求。

④ 信息推送模块

信息推送模块可以为各个用户之间的信息接收类型做出相应调整，系统推送给用户感兴趣的信息即后台推送模式。首先，用户阅读书籍或电子资源后，可以推荐给用户那些其他用户在浏览相关方面时的内容，具体推荐用户尚未搜索的信息源；其次，当用户使用图书馆微博、微信和学术服务时，用户首先根据数据分析的结果询问相关信息；最后，将用户订阅的信息准时发送至用户使用的终端设备上。

⑤ 用户使用评价模块

高校图书馆利用获取的海量数据信息，判断用户的意图并将相关信息传递给用户，为用户提供个性化信息服务。这样的个性化信息服务是否准确有效，用户可以直接对通过评估模块接收到的信息进行评价。用户评估模块还可以将用户的评估数据自动存储在图书馆个性化信息库中，以供图书馆服务人员在未来进行个性化信息服务时作为参考依据，有效提高图书馆个性化信息服务的效率。

4. 个性化信息服务系统的运作

（1）个人隐私可能泄露

个性化信息服务系统可以分析用户数据，找到用户潜在的行为关联，对用户信息进行适当处理。但是为了更好地获取用户信息需求，用户信息系统会实时捕捉并记录用户信息，这对于用户的隐私安全来说存在着相当大的隐患。为了保护用户的隐私安全，在获取用户行为记录之前需要用户的许可，在数据分析之前必须清除涉及用户隐私的数据，删除不与个性化信息服务相关联的数据，尽量避免损害用户权益。

（2）数据来源的控制

高校图书馆个性化信息系统的数据源大多限定在高校，对于用户在校园外的互联网信息，则必须通过与移动网络运营商进行商议合作才能获得。而且只有当用户上网记录达到一定积累且具备连续性时，才能通过个性化数据解析系统进行数据深层次整合，得到具有价值的用户信息需求特征。这些限制数据源在一定程度上降低了识别用户信息的准确性。

（五）渗入式服务

对于主要为教师和学生提供科学研究和教学、文学支持和文学信息服务的学术图书馆来说，现代信息社会之间的团队合作、跨学科合作不断发展成为学术集成和专业交叉的专门研究、多学科的文献和资料综合分析。这些趋势的出现，图书馆都应该从以文献为重点的图书馆转变成以读者用户为重点的图书馆，严谨、及时整合数据信息，注入用户的科学研发过程，为专业人士提供学术化、规范化、精练的服务。因此，掌握读者用户需求，提供时效性快、专业性强的主流资讯，切入用户工作学习和居住环境的渗入式服务被高校图书馆广泛使用。

1. 高校图书馆渗入式服务的内容

鲍文斯在 1993 年推出“渗入式”的概念，渗入式技术动态表现在大学师生的日常教学工作和科研中。在 21 世纪初，现代信息技术快速发展，如 Web 2. 0 的发展和人们获取信息网络化、数字化，渗入式网络恢复和数字化服务在高校图书馆中发展迅猛，吸引了国际图联（IFLA）和美国图书馆协会（ALA）等图书馆组织的目光。其中 IFLA 在 2008 年社会科学图书馆学分会研讨论题之一就是：“变化着的图书馆工作人员角色，学科馆员、渗入式馆员等如何改变学术交流的模式。”ALA 在 2011 年实时网络广播节目中就有关于图书馆和图书馆工作人员如何依托互联网计算机技术方式渗入大学的教学科研生活的讨论。高校图书馆渗入式服务已成为国际上主流的一类信息服务方式。

图书馆的将来在哪里？图书馆工作人员的业务水平不可或缺，美国渗入式服务研究专家舒马克等人在其著作《渗入式图书馆工作人员》中用旅游图书馆员、个人图书馆员、虚拟读者、信息工作者和联系人等的称呼来描述这些职业人，并尝试运用工作人员的人脉网络和深厚专业知识服务于具体用户群体。通过物理空间、虚拟空间以及组织空间的植入，改变知识管理模型库，使用文献信息资源满足读者的需求，促进社会稳定和健康发展，重新塑造高校图书馆的“智库”价值形象。

舒马克指出：图书馆工作人员从借阅咨询式服务向渗入式服务转换是大势所趋。这是因为读者用户需要具有不同专业和学科的知识，这要求高校图书馆工作人员在日常工作中，不仅对图书馆馆藏具有知识积累和丰富的阅读，也要对用户区域信息组织和信息分析能力比较熟悉，通过使用渗入式知识提供图书馆服务，用“藏”在图书馆的知识针对性服务用户，满足读者用户阅读兴趣，把向读者用户提供信息转换为向用户提供知识。世界各地的高校图书馆都基于他们的学术长处和特长不断摸索渗入式服务的方法，从馆内推荐学科工作人员，向用户提供及时有效的咨询、学科索引、任务监控、科学论据检索和集成服务，充分调动参与教学的教师、学生在研究和学习之中的积极性。由于渗入式服务，可以提高搜索数据的运用度，提高用户对图书馆服务的信誉度，所以在学术研究上有不可忽视的优势。很多图书馆工作人员和网络工作人员认为渗入式服务将是高校图书馆信息服务战略的领航者，如美国亚利桑那健康科学图书馆组织图书馆工作人员为各学院提供渗入式服务；约翰霍普金斯大学韦尔奇医学图书馆的工作人员开展面向教师、学生和职员的项目渗入服务；我国中科院国家科学图书馆也早在 2006 年就提出了“融入一线、渗入过程”的第二代高校图书馆工作人员渗入式服务模式。

2. 高校图书馆渗入式服务的方式

20 世纪 90 年代，我国高校图书馆尝试在大学教师的教学科研项目上开展渗入式服务，虽借鉴国外渗入式服务理念，但受限于当时的社会发展技术水平、服务理念及经验不足，开展服务多源于专业学科信息传送与推荐，并不能算是渗入式服务。21 世纪，我国高校图书馆广泛探索行之有效的图书馆渗入式服务。

（1）把服务渗入科研研发中

高校图书馆渗入式服务的主要功能是切入到科研项目互动中的渗入式服务。

（2）把服务渗入平日教学工作中

高校图书馆应有为师生及科研部门提供学术科技资料数据信息、培养师生熟练获取信息的技能，提高学生自身学习能力，让服务注入日常教学工作之中也是高校图书馆渗入式服务的职责所在。这种服务模式可以是图书馆工作人员作为讲师来到学生课堂，还可以将其加入课堂教学平台网络，高效地把获取的最新信息与专业课程相结合，将信息技术、信息课程教学内容、信息规范融入专业的教学课程，老师和图书馆工作人员协作，使学习者根据自己的学习目标有效地获取各种学习资讯，熟练运用阅读、检索、实验等方法自主搜集有针对性的信息，归纳使之成为新信息的生长点。

（3）把服务渗入普通读者生活中

目前信息知识技术环节进一步深化，可获取无处不在的各种信息。而传统的社区信息中心的图书馆，只有迎难而上才能柳暗花明。组织开展一些汽车图书馆、自主图书馆满足读者用户日益增长的文化生活需求；利用互联网技术开展如移动图书馆、藏书馆等切入数字空间系统，有机结合 Web 2.0 技术、注入软件开发技术的社会网络、读者的电脑桌面、阅读器、手机等移动终端打造灵活便捷的阅读方式。

（4）把服务渗入政府与企业中

如今各高校图书馆都具有极其丰富并且专业性的资源，是高校提供文献与信息的中心。与此同时，图书馆工作人员不但具备检索和组织信息等专业性的服务素养，而且在高校图书馆开展、组织与积累学科服务的活动中还积累了更为深刻的、更为专业的学科知识，相比于一些一般机构的信息服务人员来说具有非常明显的优势，因此高校图书馆在具有专业性的信息服务上具有一定的人才优势。

3. 高校图书馆渗入式服务的发展趋势

（1）服务更注重用户体验，服务呈现常态化、立体化发展趋势

图书馆馆员通过嵌入式服务将各种信息提供给可能有需要的用户，这些知识与信息被推送到他们学习、生活的方方面面，而且通过上面的例子人们可以看出，用户获取他们所需的信息很大程度上是被动地在图书馆馆员了解用户需求的基础上完成的。毋庸置疑，这类针对用户个性需求的知识与信息更能令用户满意，更具有实用价值，但是往往因为用户的作息时间、生活方式、信息获取途径等个体的喜好不同，当他们被动地接收图书馆的这种渗入式个性化信息服务时，他们的体验感受不尽相同，有的用户感受愉快，有的用户觉得被打扰而产生不愉快，用户的体验感受无法在服务中得到体现与反馈，这有悖于高校图书馆以人为本的服务理念。因此，高校图书馆渗入式服务虽然已经积累了一定的经验，虽然这种嵌入式服务条件也很成熟，但是注重用户体验的渗入式服务更受用户欢迎，它将是高校图书馆服务的发展趋势。面对用户追求专业化、差异化的个性化信息需求，高校图书馆渗入式服务也需要与时俱进，结合用户的体验感受，把握自身的发展方向与趋势，实现获取信息的及时性、多样性。

（2）技术在高校图书馆渗入式服务中发挥更大的作用

科学技术作为一种社会活动，它与政治活动、经济活动、文化活动等社会活动相互作用，共同推动人类社会的发展进步。高校作为高素质人才的集聚地，是研发和利用科学技术的高端机构，作为其中一分子的高校图书馆毫不落后，紧跟时代步伐，配合读者需要，及时将先进的技术运用到服务体系中。每当与图书馆服务相关的新技术出现时，高校图书馆总能找到合适的契机，将之运用到图书馆服务系统中，进一步促进高校图书馆服务升级。例如，从20世纪70年代的MARC数据到20世纪末的元数据再到21世纪初的云计算、大数据，随着这些新技术不断被利用到图书馆服务系统中，图书馆的服务效能也随之不断提高。渗入式服务是图书馆服务系统中的一项，新技术运用的效果反映在渗入式服务方式的不断变化中，比如

从早期图书馆派学科馆员深入到教学、科研一线来获取相应的信息，到后来的通过工具插件嵌入到用户的桌面、浏览器、社交网络等以通过用户的信息定制、互动会话来实现信息的渗入推送服务，再到现在运用大数据技术、云计算技术，通过分析、挖掘用户信息行为就可实现深层次的、差异化的个性信息服务。由此可见，技术在高校图书馆渗入式服务中发挥极其重要的作用，大数据技术更是可以推动图书馆渗入式服务更上一层楼。

随着大数据时代的到来，面对庞杂、多样的海量数据，高校图书馆分析、提取、整合数据的能力不断提高，这既需要图书馆管理平台和技术的保障，又需要馆员业务能力的保障。针对用户的差异化个性服务，图书馆要关注用户的服务体验感受，做好渗入式服务，用更加多样化的方式，比如团队合作，更开放性的服务方式，运用各种技术手段、资源与人才，使其进入用户的生活与学习等方方面面，以提供贴心的信息服务。

第四节　云计算在高校图书馆中的应用

一、云计算在图书馆的应用实践

（一）国外图书馆云应用

目前 Worldcat 是全球范围图书馆和其他资料的联合编目库，它是联机计算机图书馆中心（OCLC）公司的在线编目联合目录。2009 年 4 月 23 日，OCLC 公司公布将实施以 Worldcat 数据为基础的协作性管理服务，它开创了云计算在图书馆界广泛应用的新纪元，被称为图书馆云计算服务，它标志着云计算在图书馆领域开始应用，云计算时代已经到来。一些国家的图书馆纷纷应用和研究云计算在图书馆服务系统中的作用。

例如，2009 年 7 月，美国国会图书馆开启 DumCould 这个项目，此项目旨在检测云服务应用技术的相关性能，主要是维持数据与内容的永久访问；哥伦比亚的图书馆应用了弹性计算服务来管理网站，同时用S3服务将系统数据备份；东肯塔基高校图书馆应用GoogleDoes获取网站回复所需资源信息，它把Goolge日历定为培训与开会的日历，还借用GoolgeAnalytics收集在线数据与图书馆的目录。由此可见，云计算在图书馆界已经被陆续运用并持续发展。

（二）国内图书馆云应用

在我国，云计算的魅力同样令人无法拒绝，中国高等教育文献保障系统（CALIS）、国家图书馆、省市图书馆等率先建立了不同程度的基于云计算的联合编目系统。

基于CALIS十五成果、三期建设目标和未来发展，CALIS提出数字图书馆云策略，就是对数字图书馆的设计与开发，以建立多个等级的云服务。将资源和服务整合，形成一个创新的体系，同时要管理各种服务动态，适应各个图书馆的要求，对用户聚集、协助合作赞同，对资源的共同创建与共同分享表以支持态度，实现虚拟化服务。2010年9月，CALIS推出了国家级高校图书馆和省级高校图书馆的云服务中心，它是一个基于云计算的两级云数字图书馆共享服务平台，为近2000所高校图书馆提供云服务。至今，CALIS云服务平台已推广到全国30多个省级共享云服务中心，越来越多的高校图书馆参与整合并应用CALIS两级云服务。①

（三）云计算为图书馆带来的发展机遇

云计算必将改变数字图书馆的管理模式、服务模式和功能定位。

1.“云存储”降低了数字图书馆的管理成本

云计算简化了信息技术架构的实施，即信息技术的使用也可以很方便快捷，就像人们对公共设施的使用一样，随时随地，并根据需求购买。图书馆内的电子资源数量庞大，有自己建设的，也有购置的，无论何种形式

---

① 王碧春．高校图书馆信息化创新建设与服务研究［M］．长春：吉林教育出版社，2019.

的电子资源都可以储存到“云”上。“云存储”不但化解了图书馆电子资源数据剧增与存储空间不足的矛盾，还化解了知识信息剧增与图书馆馆藏能力有限的矛盾，更提高了电子资源的利用率。高校图书馆构建标准化、低成本的“云存储”，不仅可以实现资源的共建、共享，而且降低了图书馆的服务与管理成本，提高了图书馆服务能力和质量。

2. 云计算加快了图书馆资源整合进程

整合能力在云计算中是极其强大的。云计算不仅拥有高能力的硬件设施，还可以将其存储的数据进行整合和应用。在图书馆系统内，云计算可以将各种资源（如电子资源、馆藏书目数据、自建数据库等）整合在一起，使信息高度融合。图书馆通过“云”构筑“信息共享空间”，即“行业云”或“区域云”，使读者能够享受到更全面、更专业的云服务。

3. 云计算促进了“泛在图书馆”服务的实现

“无处不在的图书馆”是图书馆的未来发展趋势，我们可以了解到，如果这是一个图书馆，不受时间和地点的限制获得的信息资源服务。“无处不在的便利性和普遍性”，指出了未来图书馆的服务在云计算。

泛在图书馆的形成只是云计算的基础功能。集成云计算不只是一台电脑，还包括移动终端，如笔记本电脑、手机、PDA、PSP、iPad 等强大的无线网络设备。随着云技术的日益成熟，读者很快就能通过“泛在图书馆”实现随时随地获取有效信息资源。

二、“图书馆云”的发展展望

（一）图书馆需要的“云”

无论是国外“OCLC 云”，还是国内“CALIS 云”的运用，都意味着图书馆云计算已经开始，但是图书馆服务要完全进入云计算服务时代，还需要各技术行业（包括 IT 部门、IT 产业）和图书馆等服务部门共同努力，利用集体智慧去构建和推进云平台，从而实现图书馆的云服务。

图书馆用户通过图书馆云平台，可以不受时间、空间、地点以及移动终端设备等的限制，随时随地就可以获取海量的阅读、下载或数字资源浏览等的服务需求。

云计算在图书馆的逐步运用，无疑给图书馆带来了美好的体验，图书馆是云计算的使用者和受益者。同时，综上所述，“OCLC”“CALIS”等机构也是云服务的开发者和提供者。可以肯定的是，随着云计算的发展，云服务在图书馆领域会越来越完善。图书馆云服务体现以下几个方面。

软件云服务：包括图书馆系统中的各种软件应用，如图书馆自动化集成系统、数据库构建系统以及自动化管理系统等，都能够以“云”服务的形式提供给用户。

存储云服务：是指将图书馆各种数字资源（包括自建的数字资源和购买的数字资源）放在“云”端上，供用户使用。

数据云服务：作为“云”服务的供应商的中心图书馆，负责提供本地云数据或者其他业务的云服务。

平台服务：引进关于云的基础设备，运用云计算来解决问题，构建“私有云”，使本地和局域应用都能得到满足。

网络整合服务：图书馆是服务的供应商，按理来说应该集合各个图书馆云平台及其资源，使资源实现共建与共享，让用户享受到更加全面的服务。

（二）图书馆的云未来

顾名思义，“云”是无形的、无处不在的、动态变化的，云计算就如“天上的云”一样规模巨大，发展极其迅速，它的运用会带来各行业的重大变革，图书馆事业也会因为“云”的到来发生重大改革。将来只需要提供“云”服务的“中心图书馆”配备巨大的机房设施、自动化集成系统等各种复杂的设备设施和系统，其他图书馆作为“云”的用户，不再需要这些设备和系统，它们所有的业务和服务工作都可以通过“云”来实现。

未来读者以个人身份信息才可以登录到云系统中，然后获取图书馆查询、询问、借阅等各样服务。图书馆的资源都放在“云”上，图书馆利用“云”平台进行数字资源的整合，馆际互借、资源共建与共享等都是由

“云”实现，图书馆这一整个行业可以称为一片“云海”。

未来图书馆进入云服务，图书馆工作人员只需要在计算机云服务界面上输入用户名和密码，进入到图书馆云里面，选择自己需要的工作指令，就可以愉快地进行业务工作了。而用户更是可以随心所欲地访问“云端”，自由获取资源或请求服务。

高校图书馆作为图书馆界的一分子，以上所有对图书馆云计算的论述都适宜它。让图书馆人共同期待图书馆“云”早日到来。

第六章

高校图书馆服务与管理创新发展前瞻

新时代大学学科和科学研究的演进需要高校图书馆提供更深入、更专业的知识信息服务。高校图书馆的发展更要注重创新发展，一切都要让读者受益，只有与时代进步、开拓创新，才能满足新时代高校读者对文献信息资源的广泛需求，才能更好地为读者服务。本章将对新时代高校图书馆服务与管理的创新发展提供前瞻性的视角。

第一节　高校图书馆发展的瓶颈与突破

一、高校图书馆的发展瓶颈

高校图书馆发展的最大瓶颈来自人工智能技术的日益进步及其在人们研究工作中的广泛应用。人工智能和移动通信技术的发展，使得人们获取自己需要的信息变得更加容易，各种搜索引擎成为获取信息的主要手段。各种信息传播方式的数字化和信息获取的多样性与广度，更加暴露出高校图书馆发展缓慢的问题。在这种情况下，可能需要另辟蹊径，如与学校网络中心合作，创建一个新的图书馆文献信息中心。

如今，高校读者已经习惯于通过笔记本电脑、手机等移动通信工具搜索信息，科学技术、信息技术、网络技术的发展改变了信息资源环境，人们获取信息资源的方式途径随之发生改变。高校图书馆正面临信息资源网络化、智能化、数字化带来的巨大挑战，必须抓住时代机遇，勇于创新，锐意进取，走出一条属于自己的宽阔道路。鉴于人工智能和其他技术对高校图书馆的重大影响，教师和学生对图书馆资源和服务的依赖明显下降，高校图书馆需要面对现实，大力创新，开创图书馆新时代。

高校图书馆发展瓶颈产生的原因有以下几点：

（一）大学生方面的原因

很多大学生不了解高校图书馆的重要作用，没有使用图书馆的意识。许多大学生还是延续中学学习的习惯，都是跟着老师的安排、按部就班地学习，不会自主学习和延伸学习。有的本科生四年大学生活没有进过图书馆，更别说使用图书馆了。当然，这种状况固然有学生自身的原因，更有高校教师和图书馆的工作不到位的原因。高校教师应该鼓励学生自主学习，培养他们的发散性思维，使他们养成多查资料、多阅读的好习惯，能将前人和他人的知识变成自己的知识并加以创新性发展，最终达到高校培养高素质人才的目标。高校图书馆也要深入大学生群体，宣扬图书馆的文献资源，推广阅读服务。

（二）各种外界因素的影响

随着科技的快速发展、信息资源的网络化、计算机和多媒体的普遍运用，越来越多的大学生使用电脑、平板、手机等先进的移动通信设备来获取信息资源，他们可以不去图书馆就能便捷地取得自己所需的资源。另一种情况，很多大学生课余时间都在网络、手机微信、手机 QQ 上度过，晚上睡觉甚至上课都在使用手机。随着健康理念的兴起，很多学生会热衷于课外运动，选择篮球、足球、排球等活动，而不是去图书馆阅读学习。由于社会竞争日趋激烈，越来越多的用人单位和企业注重人才的实践技能，就业形势严峻及就业压力过大促使很多大学生参加各种社会实践活动，导致进馆人数减少和资源阅读频率下降。

（三）图书馆方面的原因

由于高校图书馆员工的薪水通常低于其他教师，因此一些员工缺乏经营图书馆的动力和积极性。此外，随着从图书馆借书的数量和进馆人数的逐渐减少，高校图书馆工作人员工作热情不高，逐渐形成淡漠心态。进入图书馆人数的减少、借书数量的减少可以减少图书馆工作人员的工作量。这就是高校图书馆的服务能力和高校图书馆投入都在逐渐减少，高校图书馆藏书量变化不大，图书馆新书不多的原因。因此，许多大学普遍对建设体育馆感兴趣，反而降低了对图书馆建设和投资的力度。

二、高校图书馆发展瓶颈的突破策略

高校图书馆发展瓶颈的突破策略包括以下几个方面：

（一）加强图书馆软硬件建设

高校要重视图书馆的建设，充分认识图书馆是高校建设三大支柱之一的重要地位和作用。高校应加强图书馆软硬件建设。一要提高图书馆工作人员的待遇，在职称评定、晋升职务等方面要与教师队伍看齐，以此激励图书馆员工的工作积极性。二要加大对图书馆建设的投资。根据高校建设的规模层次，广大师生员工在教、学、研等方面需要的资源数量和质量等情况，高校应该每年加大对图书馆的经费投资，以便购置充足的文献信息资源，为读者需要提供有力保障。三要及时更新图书馆服务管理系统的设施设备。例如，定期更换图书馆服务管理的核心设备——服务器、工作用机（电脑）、阅览桌椅、多媒体设备等，以保障图书馆服务工作的顺利开展。当然，高校图书馆自身需要加强对图书馆管理的研究，使高校图书馆能够顺利履行大学的教育使命。

（二）重新定位高校图书馆的社会角色

过去高校图书馆被认为是大学教育的附属品，很显然今天的高校图书馆被视为教育服务部门这一观点是片面的。信息时代，高校图书馆的教育职能范围不断扩大，信息资源网络化为高校图书馆社会化服务提供了条件和便利，通过与社会有关部门共建共享信息资源，充分发挥高校图书馆在传播文化知识以及培养社会人才方面的重要作用，从而实现其社会教育功能。

（三）构建高校图书馆多元化职能体系

随着科学技术和教育的发展，高校“双一流”建设的进程日益加快，各行各业对高学历人才的需求日益增大，人们尤其是青年越来越注重学习文化知识和技能知识，而高校图书馆作为文献信息资源收藏、研究和服务中心，配合高校为国家、为社会培育高水平人才提供强大的智力库，在构建学习型社会的过程中发挥重要作用。例如，履行函授教育、自学考试等后学历群体的教育职能；履行社会培训机构的技术培训、职业资格等专业培训职能；教育方面，提高信息源整合输出能力，为高校教学活动提供信息源支持。高校图书馆各项功能发展体系提升了高校图书馆的社会价值，保证了终身学习教育理念的传播与发展。

（四）提高图书馆工作人员整体素质

高校图书馆工作人员的素质直接影响图书馆服务水平。在信息科技时代，高校图书馆工作人员对信息的重要性有了全面的认识，需要增强服务意识，提供教育功能，促进社会文明，提高文化素质，这需要建立一个完整的服务体系。同时，根据工作的具体内容，工作人员需要丰富自己的专业知识，通过研究学校的学科建设情况、教师科研项目以及学生专业学习情况，掌握学科发展趋势和教学研究方向，努力成为某一学科或某一领域的文献专家，能够提供各类信息服务，让师生活跃起来，实施图书馆管理的自主创新，提高工作效率。

总之，高校图书馆是教师辅助教学的重要场所，是学生的第二课堂，是高校开展教育研究的重要阵地，是高校开展教育工作、培养高素质人才的重要基地。高校图书馆只有正确认识面临的问题，积极采取措施解决问题，向正确的方向发展，高校图书馆才能充分发挥其为读者提供文献信息资源、提升教育素养等多种功能，发挥服务和教育功能的优势，为大学发展贡献力量，使学生全面发展，最终完成为祖国培养新一代高素质人才的伟大历史使命。

第二节 传统图书馆与数字图书馆的融合与促进

磁介质、光介质媒体从现有的图书馆逐渐转变为一种新的信息媒体，数字图书馆的出现，标志着人类文明和科技进步达到了顶峰。图书馆事业的发展对社会的发展起着不可或缺的作用。互联网技术的不断发展，图书馆数字化逐渐成为图书馆发展的重要趋势，数字图书馆相对传统图书馆有着无与伦比的优势，那么，将来数字图书馆是否会完全取代传统图书馆呢？答案是否定的，传统图书馆具有数字图书馆不可替代的优势。两者都要顺应时代的发展和需要，合理建设和协调，共同推动图书馆事业更好地发展。

一、传统图书馆与数字图书馆的融合角度

信息资源网络化、数字化的快速发展使人们获取资源的途径和方式发生了巨大改变，传统图书馆的服务模式已经无法满足用户的需求，为了适应时代的发展变化，图书馆要转变工作思路、创新工作方法、利用好网络资源，使传统图书馆的特色优势与数字图书馆的优势功能融合，建成适应新形势发展的现代图书馆。如何融合两者的优点发挥出最大的效果是图书馆管理亟待解决的问题。这种融合应该涵盖图书馆管理系统的所有内部功能及各个要素、各个环节之间的相互关系。现从以下几个方面探讨传统图书馆与数字图书馆的融合。

（一）信息资源配置的整合

要实现信息资源配置的整合，首先要了解纸质文献资源与数字文献资源的关系。OPAC 是图书馆重要的数字馆藏系统，用户可以通过 OPAC 搜索馆藏资源，因此将 OPAC 接入互联网是实现传统馆藏资源与数字资源融合的重要途径。“二八”定律告诉我们，读者 80%的需求集中在 20%的文献信息资源上，其余 20%的读者需求集中在 80%的文献信息资源上。因此，现代图书馆必须根据读者的需求收集馆藏和期刊，对于需求较小的读者，馆际之间的借阅或数字资源可以满足他们的需求。很明显，发送的成本远低于收集文献的成本。在各图书馆创建信息资源的规划过程中，复杂图书馆信息资源的整合不仅取决于信息资源的原始分布，还取决于用户的需求、变化规律和潜在需求的发展方向。整合的目标是通过链接每个图书馆的独特数据库、OPAC、互联网，最终合并数字和纸质文献，链接二级和原始文献，并结合虚拟资源和物理资源，构建一个强大的信息资源系统。

（二）信息组织技术的整合

传统的文献组织主要是采用分类法和主题法，是基于内容的文献组织法，这种分类方法比较全面准确。现代互联网搜索引擎工具是基于网络自动发现技术的搜索方式，受到广大用户的欢迎，但其全面性和准确度远低于传统搜索方式。随着互联网的不断普及和网络资源的不断增长，信息检索变得越来越复杂，元数据应运而生，以适应这些变化。

因此，信息组织技术的融合意味着：首先，图书馆服务人员和技术人员要相互合作，共同研究和开发信息组织方法，并继续将传统图书馆信息组织方法的优势渗透到技术要素中。图书馆服务人员参与数据生产，与技术人员合作开发图书馆数据库管理系统，提高信息检索效率。其次，图书馆服务人员要持续关注新技术的表现，与传统方法和新技术相辅相成，探索研究更高效的搜索引擎，理论与技术相结合，构建更好的搜索和信息组织网络。

（三）用户服务的整合

“以人为本，读者至上”的服务理念是图书馆管理的追求，这一服务理念在资源数字化、读者需求网络化的大环境中主要体现在：图书馆各部门使用自动化服务管理系统、采用现代化的技术设备、借助强大的互联网技术，不受时间、空间的限制为读者提供高效便捷的信息资源服务。例如，图书馆开通 OPAC，读者可以不受时空、地点的影响通过 OPAC 随时查询和使用图书馆资源；图书馆开通微信或 QQ 公众平台，进行在线咨询服务等。借助互联网，实现了图书馆资源共享。同时图书馆服务人员可以与读者互动，随时了解读者的需求意向，及时满足读者的需求，提高了服务效率，切实体现了“读者至上”的人本服务理念。

（四）图书馆组织机构的整合

图书馆组织机构整合的目的是在信息时代实施以技术为导向、以读者为中心的模型，改变传统的以阅读和借阅为主要服务功能、专注于文献处理的图书馆管理模式。在当前的网络化环境下，馆藏不再是图书馆工作的重点，查询和阅读已成为图书馆服务的工作主体。由于虚拟馆藏是信息技术下数字图书馆延续的载体，信息技术部成为图书馆新的职能部门，主要负责文献信息资源的更新和网络的维护。现有的采编部和编目部可以合并为一个采编部门，一方面负责传统纸质文献的采编，另一方面负责对其进行编目加工，通过互联网，采用联机联合编目、使用 MARC 数据进行分类编目，使纸质文献资源信息录入图书馆数据库中，以供读者检索、查询和使用。在网络环境中，真正的资源只有在互联网上出现时才有价值，因此资源可以从不同的地方访问和共享。为适应网络环境，图书馆需要增设数字信息处理版块，建设网站，创建图书馆主页、特色图书馆资源网，同时电子阅览室是为读者提供网络搜索设备的重要场所，没有电子阅览室，网络服务就成了空谈。所以传统阅览室和电子阅览室的共生是现代图书馆的新常态。

传统图书馆与数字图书馆的融合，不是将两者的优势功能简单地叠加起来，而是将它们的优势功能相互渗透、相互补充，最终达到两者相得益彰、起到强强联合、发挥整合的优势效果。也就是说，既要承认数字图书馆这个新事物、新变化带来的积极影响和效果，又要肯定传统图书馆的某些优秀功能的传承。在当前形势下，图书馆必须不断适应环境变化，适应时代发展，充分利用传统图书馆长期积累的优势，实现信息技术发展的完美衔接，充分利用信息技术发展的优势，形成开放高效的数字图书馆，营造开放有序的融合状态。要避免图书馆在信息时代改造过程中出现不必要的错误和无法弥补的损失，最终实现现代图书馆的综合功能和最大优势。

二、传统图书馆与数字图书馆融合的路径

随着数字图书馆众多优势的凸显，传统图书馆必须考虑自身的生存和发展问题。传统图书馆面临诸多不足，特别是资源收藏有限、用户必须亲自到馆、资料查找困难、服务效率低、服务质量低等，导致传统图书馆“消亡论”观点的出现，也就是说，数字图书馆未来将取代传统图书馆，传统图书馆将不再存在。此外，对于传统图书馆和数字图书馆未来的发展趋势，也有不同的看法。

参考很多国内外专家的论点，人们仍然赞同传统图书馆与数字图书馆相结合，从而不可避免地诞生一种新型图书馆或叫现代图书馆。它们虽然有别于传统图书馆，也有别于单纯的数字图书馆，但是两者互补，取长补短，遵循虚实共存的自然发展规律。原因可归纳如下：

第一，当前传统图书馆在采购过程中，选择具有很好的判断性，会去除无价值的书籍和期刊，并选择有价值的书籍纳入馆藏。而网络资源中有很多不准确或不健康的信息，如果没有严格的把关很难将其剔除出去。

第二，纸版文献能够随时随地拿来阅读，不受设备或阅读环境的影响。但是，电子书和在线图书馆受网络影响，不如纸质书方便。而且，每个读者的阅读心理、习惯和需求都不一样，很难完全改变。

第三，数字图书馆是虚拟的信息空间，而不是必须依靠传统图书馆来汇集、补充和不断更新资源的独立物理实体。而且，没有传统图书馆，数

字图书馆无法承担图书馆的使命，因为在线信息往往在输入新信息后会去除旧信息，因此读者无法获得去除的有价值的知识。

第四，出版物不会完全电子化，纸质文献书籍仍然具有不可低估的价值。学者可以以纸张、胶片等文献载体为基础，研究当时的技术水平和版本情况。

总之，传统图书馆和电子图书馆各有优缺点，这决定了传统图书馆和数字图书馆将在很长一段时间内并存、相得益彰、均衡发展。这种新型图书馆的技术含量将越来越高，图书资源逐步向数字化、网络化转变，图书馆借阅服务逐步向网络化信息服务转变，图书馆人员从图书管理员到资源服务员和导航员转变。因此，两者的融合体现在方方面面，如服务理念的改变、职能部门的重组或新建、人才队伍的建设、信息资源的建设、设施设备的建设、服务方式方法的改变等。通过这一系列的改革，图书馆才能得到全面的发展。

第三节 高校图书馆的发展前景与创新

一、高校图书馆的发展展望

（一）探索信息环境下数字信息资源的建设

一是要通过购买电子资源和创建数字资源，将馆藏资源转化为动态的馆藏建设，减少对纸质资源的依赖，扩大电子资源的获取和使用。二是建设和加强研究性馆藏，支持跨学科项目的馆藏，加大对知识和教学的支持。三是在搜索层面重新定义纸质文献馆藏和数字馆藏，它们与其他共享图书馆馆藏相互关联和互为补充，为用户提供最深入、最全面的馆藏。四是制定图书馆最先进的保存项目和策略，以确保永久访问纸质馆藏和数字资源，制定严格灵活的馆藏建设政策和计划，开展馆藏评估，扩大馆藏多样性以及与教学、科研进一步结合，以确保馆藏匹配用户的需求。

（二）管理和提升以用户为中心的服务和系统

高校图书馆必须与用户密切合作，使用相关网站、电子邮件和其他有效的通信工具与他们进行沟通，了解资源的普遍性和个性化需求、了解用户使用图书馆的方式途径、了解读者的阅读频率和阅读习惯等，图书馆根据这些信息分析、整合馆藏资源和调整服务模式，尽力使读者能够根据自己的实际情况有效地使用图书馆资源，从而减少图书馆服务工作的盲目性，提高资源的阅读率。高校图书馆要实现这个效果，必须从提高用户使用图书馆的能力和馆藏资源整合力着手。

用户培训应从面向个人和在线图书馆中使用印刷品和数字资源的方法培训，转变为协助教师进行课堂教学的培训，以及指导学生检索、评估和解释信息的技能的培训。这就要求图书馆设计创新的方式，从而提供高质量、具有成本效益的用户培训。

为了让用户充分、便捷、高效地利用资源，高校图书馆需要突破空间限制，整合数字信息和实体资源。首先，应将电子资源管理系统开发为一种协同有效的工具，以支持集体采购和协同资源盘点，以促进资源整合和用户使用。其次，必须重新安排物理空间。一个迷人、现代和鼓舞人心的空间，是学术思考的绝佳环境。教师和学生需要私人和公共学习空间、小组学习空间和协作空间。将实体馆藏存储在正确的位置并创建灵活的学习空间，为学生、教职员工提供最佳环境以利于知识汲取和灵活交流。

（三）扩展创新、反应和协作的图书馆文化

高校图书馆馆员是实现图书馆使命的最重要资源。图书馆必须培养一种组织文化，使图书馆馆员能够充分发挥他们的专业知识，创造一个有助于提高图书馆馆员研究、学习和工作效率的环境，认可、支持并进一步发展和鼓励图书馆的人才多样性和自由性，增加他们的灵活性和权威性，并鼓励有能力的馆员开阔思路、勇于创新，提供高质量的用户服务。相关的具体措施包括：让业务能力和综合能力强的馆员参与图书馆工作规划和决策过程；尽力为馆员提供学习、培训和发展的机会；保障馆员职称晋升和职业发展具有吸引力；尊重馆员的性格差异、兴趣爱好；关心馆员的生活、学习情况；加强与馆员的交流和沟通，组织定期、开放、有效、双向的互动对话与交流；公平、诚实、热情、宽容、尊重，像对待用户一样对待馆员，让馆员不断接受挑战、受到鼓励，并给予充分的发展和创新机会。努力营造一种和谐团结、积极向上、勇于创新的图书馆文化氛围。

（四）建立完善的性能评估系统和反馈系统

在高校图书馆的职责范围内，图书馆必须为教师和学生提供快速和可衡量的利益，将评估机制整合到所有项目和服务中，衡量图书馆活动、决策和选择所产生的影响，了解图书馆的成功之处和失误之处，明确图书馆的义务，使图书馆不断改进服务。

纸质资源和电子馆藏评估是对图书馆文献采集的评估。第一步是优先考虑当前可用的评估工具，例如 ScholarStats、COUNTER、OCLC 采集分析软件等。维基化的 OPAC 也是一个馆藏评价工具，它可以实现图书馆与用户的互动，能够客观地反映用户的实际图书使用情况和实际阅读体验。如此，就将最有前途的工具应用于已确定为最高优先级的纸质和电子馆藏。

分析用户搜索记录和评估用户使用模式是开发、设计和交付此用户服务的最重要手段。图书馆应通过多种方式收集用户反馈，包括正式的评估方法，例如图书馆质量调查、特定主题和项目的重点监控、网络界面可用性测试以及通过电话或电子邮件的个人采访。对基于网络的个人和电话服务的使用进行统计和定量分析可以提供有关用户的信息，以促进进一步的服务决策。

二、高校图书馆的服务创新

（一）服务理念的创新

读者是高校图书馆服务质量的有力代言人。图书馆工作人员充分理解读者的主观性，秉承为读者提供良好服务的服务宗旨，始终坚持“读者至上，服务至上”的理念，调研读者对图书馆资源的真实需求，以此提供令读者满意的优质服务。同时，高校图书馆要努力提高馆藏利用率，合理延长工作时间，积极拓展服务范围，吸引多方位、多维度的读者浏览资料或访问图书馆中的信息。

（二）服务资源与内容的创新

1. 信息资源的创新

一是专注于实现图书推荐服务。为有效提高图书馆文献资源质量，更好地为学校教学科研服务，部分高校图书馆正在积极推进图书推荐服务项目，让师生结合自身学习，打造全新的网上图书推荐服务项目。

二是重点建立一个独特的文献数据库。在网络化发展和高校图书馆数字化的背景下，创建有特色的文献馆藏变得非常重要，这也是图书馆未来发展的方向。因此，各高校图书馆必须结合自身的专业特点，建立一个有别于其他高校图书馆、具有独特专业特色的文献库。

三是资源共享。随着信息量的增加，高校图书馆将面临文献指数、用户需求、馆内经费日益增长的挑战，这些挑战可以通过图书馆间文献资源共享来解决。图书馆间文献传递、资源共建、资源共享是传播知识的重要方式，可以极大地满足读者多样化的需求。因此，各高校图书馆应促进文献资源的共建共享，以最大限度地发挥其使用价值。

2. 服务内容的创新

一是注重开展高校专题讲座。由于高校开设的专业较多，新生在入学之初无法及时了解图书馆的工作作风和机构设置，学校定期举办校园专题讲座，鼓励学生（尤其是新生）参与，从而充分了解和合理利用图书馆资源和信息，为学生的大学生涯提供进一步的帮助。

二是注重完善导读服务。高校图书馆馆员通过提供阅读导览服务，读者可以更快速、准确地了解文献收藏，从而方便查找和选择自己需要的文献和信息，快速了解图书馆的内容。为此，高校图书馆积极推进引导服务业务，建立健全引导服务机制，注重及时收集读者的建议意见，做好引导反馈工作和引导咨询工作，取得良好的效果。

三是提供查新服务。查新即科技查新，高校教师或科研人员在课题结题或科研项目申报前，高校图书馆可以依托资源、技术优势帮助他们检索国内外文献资料情况，了解相关或类似的研究是否有文献发表，借以判断课题或立项是否具有新颖性。科技查新服务方便高校科研人员研判研究方向和提高科研水平，避免了低水平、重复研究。

总之，高校图书馆要牢牢把握“读者至上，服务育人”的宗旨，紧跟时代发展的步伐，开拓服务与管理创新的途径及方法，围绕读者需要，加快资源建设，努力为国家和社会培养高素质人才服务。

参考文献

［1］ 杨琳．高校图书馆管理与阅读服务模式创新［M］．长春：吉林大学出版社，2019.

［2］ 于红，李茂银．高校图书馆管理与服务创新研究［M］．长春：吉林大学出版社，2019.

［3］ 朱丹君．高校图书馆管理与阅读服务模式创新［M］．沈阳：辽海出版社，2019.

［4］ 李建明．高校图书馆阅读推广与服务机制构建［M］．北京：航空工业出版社，2019.

［5］ 周甜甜．高校图书馆管理与读者服务研究［M］．延吉：延边大学出版社，2019.

［6］ 董玉梅，徐阳，吴爽．高校图书馆服务研究与现代图书馆管理［M］．北京：中国纺织出版社，2019.

［7］ 王碧春．高校图书馆信息化创新建设与服务研究［M］．长春：吉林教育出版社，2019.

［8］ 郑丽．信息时代高校图书馆发展与创新探索［M］．济南：山东大学出版社，2018.

［9］ 郑幸子．高校图书馆管理与服务创新［M］．长春：吉林大学出版社，2018.

[10] 杨启秀 . 高校图书馆管理与服务创新研究 [M]. 北京：国家行政学院出版社，2018.

[11] 陈陶平，赵宇，蔡英 . 现代高校图书馆管理与服务探究 [M]. 北京：九州出版社，2018.

[12] 郑建明 . 数字图书馆建设体制与发展模式 [M]. 北京：科学出版社 . 2017.

[13] 刘宁 . 高校图书馆创新服务研究 [J]. 产业与科技论坛，2018(2)：274-275.

[14] 孙建红 . 新技术环境下高校图书馆管理与服务模式探索 [J]. 科教文汇（下旬刊），2018（4）：142-143.

[15] 徐艳辉 . 探讨以人为本理念下高校图书馆管理创新研究 [J]. 农家参谋，2018（2）：180.

[16] 张小英 . 高校图书馆管理创新研究 [J]. 时代金融，2017（32）：309+311.

[17] 王宝荣 . 关于以人为本理念下高校图书馆管理创新 [J]. 河南图书馆学刊，2017（12）：40-41.

[18] 李豫诚 . 新技术环境下高校图书馆管理与服务模式探索 [J]. 产业与科技论坛，2017（19）：256-257.

[19] 柳楠 . 新技术环境下高校图书馆管理与服务模式探索 [J]. 产业与科技论坛，2017（5）：281-282.

[20] 谢秋梅 . 基于规范化流程的科技查新质量控制 [J]. 中国科技信息，2017（21）：96-99.

[21] 马波 . 大数据背景下精准信息推送在移动图书馆中的应用研究 [J]. 图书馆工作与研究，2017（2）：57-60.

[22] 侯铁虎，王红 . 智媒时代高校图书馆创新服务十大发展趋势 [J]. 晋图学刊，2017（1）：1-4.

[23] 段美珍，赵媛 . 中外高校图书馆学科服务现状对比研究 [J]. 国家图书馆学刊，2017（1）：14-22.

[24] 王捷.基于用户行为数据分析的高校图书馆信息服务平台研究 [J]. 现代情报，2017 (1)：127-130.

[25] 雷春玉.高校图书馆管理创新探讨 [J]. 办公室业务，2017 (1)：162.

[26] 欧阳东华.高校图书馆管理创新探讨 [J]. 中国培训，20217，2 (4)：71.

[27] 闫艳·高校图书馆管理存在的问题及对策建议 [J]. 知识经济，2017 (2)：164-165.

[28] 黄晓军."互联网+"时代高校图书馆阅读推广策略探讨 [J]. 知识经济，2017 (3)：137-138.

[29] 詹长智."高校图书馆统计与评估研讨会"综述 [J]. 大学图书馆学报，2017 (5)：10-14.

[30] 王惠.数字图书馆个性化信息服务研究 [J]. 江苏科技信息，2017 (6)：11-12.

[31] 刘倩美.微信公众平台在高校图书馆阅读推广工作中的应用研究 [J]. 图书馆学研究，2016 (7)：29-32+38.

[32] 王向军.全媒体时代背景下的高校图书馆阅读推广与营销 [J]. 河北北方学院学报（社会科学版)，20162 (5)：51-53.

[33] 甘露.网络技术在图书馆管理中的应用探析 [J]. 科技咨询，2016 (4)：100-101.

[34] 张琳.网络技术支持下的图书馆图书管理 [J]. 辽宁广播电视大学学报，2016 (2)：117-118.

[35] 杜俞瑾.新媒介视域下高校图书馆阅读推广策略研究 [J]. 中国报业，2016 (10)：84-85.

[36] 梁盟，李英女."互联网+"视阈下的高校图书馆阅读推广工作 [J]. 哈尔滨职业技术学院学报，2016 (5)：31-33.

[37] 金吉晖."互联网+"环境下高校图书馆阅读推广的发展现状与优化路径 [J]. 山西档案，2016 (5)：108-110.

[38] 史海嫣，赵宇鹏，贾玉洁．基于微信的高校图书馆阅读推广模式构建［J］．情报探索，2016（6）：103-106.

[39] 田磊，邱均平．我国高校图书馆个性化信息服务的调查与分析［J］．图书馆工作与研究，2016（12）：84-92.

[40] 吴惠茹．社交网络环境下高校图书馆阅读推广的趋势及策略研究［J］．图书馆建设，2016（12）：71-76.

[41] 朱颖．谈21世纪高校图书馆管理创新的意义［J］．内蒙古科技与经济，2016（8）：117+119.

[42] 邵锐．浅谈我国高校图书馆管理创新［J］．现代交际，2016（7）：251.

[43] 梁玉芳．高校图书馆个性化信息服务发展策略探讨［J］．办公室业务，2016（11）：171-172.

[44] 宋红娟．高校图书馆个性化信息服务方式研究［J］．图书馆学刊，2016（8）：75-78.

[45] 马坤．高校图书馆面向未来学生信息服务初探［J］．图书馆界，2016（4）：35-38.

[46] 赵墨．浅谈高校图书馆个性化信息服务的建设［J］．江苏科技信息，2016（11）：1-2.

[47] 张明平．网络背景下的高校图书馆信息服务研究［J］．内蒙古科技与经济，2016（12）：120-121.

[48] 王晓兰．浅析高校图书馆管理服务系统的创新与构建［J］．科技展望，2016（3）：218.

[49] 董莉．高校图书馆服务创新的发展趋势［J］．高校图书馆工作，2016（5）：81-84+96.

[50] 许真．信息推送技术在图书馆中的应用研究［J］．农业图书情报学刊，2015（9）：46-48.

[51] 范并思．公共图书馆阅读推广的发展趋势［J］．图书馆杂志，2015（4）：11-15.

[52] 曲军．高校图书馆管理与服务的现状及发展趋势［J］．中国管理信息化，2015（15）：193.
[53] 陈红莹．对高校图书馆个性化信息服务的再思考［J］．科技传播，2015（2）：179-180+202.
[54] 万慕晨，欧亮．基于微信公众平台的高校图书馆阅读推广效果实证研究［J］．图书情报工作，2015（22）：72-78.
[55] 姚秀敏，路程，樊会霞．新媒介环境下高校图书馆阅读推广策略研究［J］．农业图书情报学刊，2015（5）：109-113.
[56] 陈兴凤，张玮．全媒体环境下高校图书馆阅读推广创新实践与思考［J］．农业网络信息，2015（7）：97-100.
[57] 刘忠玉．浅谈高校图书馆的管理与服务［J］．科技情报开发与经济，2015（9）：106-107+110.
[58] 郭瑶．全媒体时代高校图书馆信息服务模式研究［J］．经营与管理，2015（6）：152-155.
[59] 张红梅．高校图书馆信息服务创新策略探索［J］．产业与科技论坛，2015（11）：227-228.
[60] 郝美霞．高校图书馆服务标准化的构建与实现［J］．科技情报开发与经济，2015（18）：81-82.
[61] 范跃华．基于智能手机 APP 的图书馆个性化信息推送服务［J］．图书馆学刊，2014（24）：116-118.
[62] 杨佩辉．浅谈高校图书馆管理与服务的创新［J］．科学咨询（科技·管理），2014（4）：48.
[63] 张红琳，叶文伟．高校图书馆管理与服务创新的实践及思考［J］．科技情报开发与经济，2014（4）：21-23.
[64] 吕香子．高校图书馆管理创新浅谈［J］．科技信息，2013（25）：229.
[65] 于兴华．高校绿色图书馆建设研究［D］．秦皇岛：燕山大学，2017.
[66] 孙骁骁．RFID 技术在现代图书馆中的应用研究［D］．天津：天津工业大学，2016.

[67] 靳佳丽．高校图书馆新媒体服务质量评价研究［D］．郑州：郑州大学，2016.

[68] 郑超．高校图书馆学科服务平台建设与服务模式探讨［D］．云南：云南大学，2016.

图书在版编目（CIP）数据

高校图书馆服务与管理创新发展研究 / 叶小红著
. -- 湘潭 : 湘潭大学出版社, 2022.10
ISBN 978-7-5687-0939-2

Ⅰ. ①高… Ⅱ. ①叶… Ⅲ. ①院校图书馆－图书馆服务－研究②院校图书馆－图书馆管理－研究 Ⅳ. ①G258.6

中国版本图书馆 CIP 数据核字 (2022) 第 223929 号

高校图书馆服务与管理创新发展研究

GAOXIAO TUSHUGUAN FUWU YU GUANLI CHUANGXIN FAZHAN YANJIU

叶小红 著

责任编辑：丁立松
封面设计：清 清
出版发行：湘潭大学出版社
社 址：湖南省湘潭大学工程训练大楼
电 话：0731-58298960 0731-58298966（传真）
邮 编：411105
网 址：http://press.xtu.edu.cn/
印 刷：长沙创峰印务有限公司
经 销：湖南省新华书店
开 本：710 mm×1000 mm 1/16
印 张：13.25
字 数：204 千字
版 次：2022 年 10 月第 1 版
印 次：2022 年 10 月第 1 次印刷
书 号：ISBN 978-7-5687-0939-2
定 价：68.00 元